顾文 编著

人生与慈济

——证严法师开示录

華夏出版社

图书在版编目(CIP)数据

人生与慈济:证严法师开示录/顾文著 . - 北京:华夏出版社,
2009.7
ISBN 978 - 7 - 5080 - 4758 - 4

Ⅰ.人…　Ⅱ.顾…　Ⅲ.佛教 - 人生哲学 - 通俗读物
Ⅳ.B948 - 49

中国版本图书馆 CIP 数据核字(2009)第 111355 号

华夏出版社出版发行
(北京东直门外香河园北里 4 号　邮编:100028)
新　华　书　店　经　销
北京圣瑞伦印刷厂印刷
三河市李旗庄少明装订厂装订
880×1230　1/32 开本　5.75 印张　106 千字　插页 1
2009 年 7 月北京第 1 版　　2009 年 7 月北京第 1 次印刷
定价:18.00 元

序

人的一生，总是在变化。

但万变不离其宗。

以不变应万变，是智者；以万变应万变，也是智者。

这是概念上的不同。如果你像天地，你应以不变应万变；如果你像一株小草，你当以万变应万变。

人生中有许多事情，都是不期而至的。无论好事还是坏事。

比如，这本书的出版，就是一件不期而至的事情。经过与编辑一番热烈的讨论和嬉戏般的鼓动之后，这件事情就不期而至了！

但回归于心，那就是一件非常严肃的事情了！感谢编辑的好心，让许多读者看到一位智者——证严法师的教诲或者说是劝导。人要生活在一个“自在”的氛围里，而这本书就是教你如何去营造一个人生的“自在”。

世界要和谐，人际要和谐，人的内心也要和谐。

这里，我要特别说一下人的内心和谐。人如果内心和谐了，心中就会永远是春天，永远阳光灿烂。人的内心如果拥有这样的世界，他（她）就会有微笑，有幸福，有灿烂!

人内心的和谐，主要还是靠胸怀广阔，容天下难容之事，忍天下难忍之事，做天下难做之事，放下人生难以放下之事，而这本书主要说的都是内心和谐的问题。但愿它能带给你一些淡定，一些平和，一些远见和一生一世的幸福。

事情的成功，都是有一些成因的。就像天空下雨或者刮风，也会有一些形成条件一样。这本书的成因之一，是因为我在台湾出版了两本书，有人读了认为文笔不错，且适合另外的写作。于是，就有了电话联系我，请我写一本书。这当然让我感到突然与惊喜，我一口应承下来。

之后突然有一天，我就见到了他们。他们三个人，一起来到北海。我想人家千里迢迢来到我的家乡，无论事情成与不成，尽地主之谊，款待一番都是应该的。我征求他们适合什么口味，他们相互望了一眼，然后异口同声地说，最好是素的。我心中略有明白，于是我们去了东北菜馆，那里的素菜相对来说多一些，那时北海还没有素餐馆。

我们之间，随着时间的推移，相知越来越多。他们都是上人证严的信众，来自不同的城市、不同的岗位，却为了一个共同的目标，就是宣传好上人的“说法”。他们真正是“为了一个共同的目标，走到一起来了”。随后我更知道，他们此次的出差费用，都是自掏腰包的，纯属善举。这让我在敬佩之余，写作起来也特别用功。

此事与此书一搁几年，与老友陈振宇说起之后，才纳入“一次四本”这个规模中出版。这是陈先生做的一件善事好事，能让读者领略到上人证严法师的智慧。这也印证了“三人成事”的经验，在人生当中，“你我他”不可缺一。

证严法师在花莲的“根据地”——台湾慈济大学、慈济医院以及展览馆，我都参观过。那里摆着慈济法师的各种著作，是用不同的文字出版的，它给我的冲击力是相当大的。它让我感觉到了什么是伟大，什么是平凡中见伟大！慈济救济总会在世界各地都有分支机构，无论哪里发生灾难，慈济人都会最先出现，救死扶伤和济世扶贫。它的义工队伍遍布世界各地。

在花莲还保存着证严法师当年住过的茅草房，房内仅放得下一张席子，当年的艰苦是可想而知的。她是师范学校毕业，出家后家里把预备留给她的嫁妆捐献给了她的事业，那是几亩土地，变卖之后全拿出来做佛陀的事了。直到现在，证严法师虽已年过古稀，但她还是按照过去的戒律生活——一日不做事一日不吃饭。

自己很穷，佛陀很富。我想，这也许就是高僧的境界。自己用得很少，吃得很素，身体很弱很瘦，而事业却很肥！

据说，证严法师要做什么事，需要多少钱，只要说出口，第二天账户里的钱就够了，她是有号召力的人。这与她的身体力行有关。

慈济在文化教育上也是机构齐全的，有慈济电视台和慈济出版社等等。从台北出发，当我沿宝岛走了一圈，暮色中再回到台北时，台湾给我的感觉是出寺院和歌手的宝地，台湾的佛事盛行，歌手辈出。

在这本书里，证严法师说了许多事，许多人，还有许多心得，我在写作的时候是很感动的，也很兴奋。我想，读者也是一样，读了以后一定会受到感染，受到启迪，受到教育，从而向真、向善、向美前进，在未来的人生中，营造我们生活的朗朗乾坤，一派和谐亲乐。

顾　文

二零零九年初夏于北海

目　录

Contents

人生与慈济

人的一生讲究缘分。

古时候，人们面对自然的能力有限，出门最危险的就是渡河。古有俚语曰："行船走马三分命。"也就是这个道理。所以，人们常说，三千年才修得一个"同船缘"。这个"同船缘"，就是患难与共的意思。共赴患难，也是一种缘分。

有人爱得深切爱得刻骨铭心，但到头来不能共结连理。于是，这两个人就说："咱俩没缘分。"或者说："咱俩有缘无分。"后者的意思是说，有缘相识甚至相知相爱，但没有做夫妻的名分。

在古书上我们还常常读到这样的情节：一个青年投奔寺院，说要出家。他想借"清净佛门"一隅，避风头或避艰难。可主持白眉善目，看了看青年那血红的眼睛中还有激愤的情绪，便双手合十，说："施主，你尘世未了，还是回家吧。阿弥陀佛，善哉，善哉！"为什么主持会这样说呢？原来那位青年是因为婚姻困难而出走上山的。

可见，你要投奔佛门，第一要诚心，第二还要有福分。当然，这一份福，不是艳福也不是庸俗之福，而是一份清福。

所以，一生中“缘”对人的影响可谓大矣！

近朱者赤，近墨者黑。

跟着好人成好人，跟着小偷成贼人。

娶了老婆才是家，做了善事成菩萨。

如果一个人，遇上了慈济，那他（她）就有缘了。

这缘，是缘善、缘慈、缘济、缘福。

证严法师向我们说了这么一件令人钦佩又深感无奈的故事。在马来西亚，有位女子在二十六年前的一次车祸中造成颈椎以下瘫痪。刚受伤时，她和她的家人总怀着一线希望，从马来西亚医到泰国，结果求遍各地名医都没有效。她心里痛苦，感到人生灰暗，脾气也越来越暴躁，连妈妈端饭到她面前，她都把饭摔掉，可见内心之痛苦。

后来，她接触到慈济人。慈济人用了很长的时间陪伴她，抚慰她。她也终于开启了智慧，体会到必须要面对现实，必须依靠自己从心灰意冷的困境中走出来。于是她勇敢地接受了残疾者的事实，不再自怨自艾，决心活出一片自己的新天地。

她从生活环境中改变自己，学会自己照顾自己。现在无论洗衣、洗脸、漱口，她都可以自己做，而且还把自己的胜利与别人分享。她乘车晕车，但她仍坚持四出家门去辅导和她一样不幸的人，教导他们要身残志坚，现身说法，去鼓舞别人。

她不仅与慈济人一起去做家居关怀、现身说法，她还期盼着自己有朝一日能为更需要帮助的人奉献自己的一份力量。她在慈济人的帮助下，用不大灵活的手学习操作裁缝车，一趴就是好几个小时。她说，她虽然做得很辛苦，但完成的作品能参加义卖，她就能贡献自己的微薄之力了！

她常说："滴水成河，粒米成箩。"

证严法师赞扬她，说她这样就是佛国里面的最高境界："甘愿做，欢喜受。"

这就是缘分！这位马来西亚的女子，她有缘遇上了慈济，缘了善良，缘了慈悲，缘了接济，就缘了幸福。

证严法师在一次开示中，把佛陀的话告诉我们："一切唯心造。"

证严法师说："一念爱心，就可以造福人间。一念无私清静的心，在当下就是净土。"

这位马来西亚女子，后来的一切行为，都是由她转变了的心所造的。她的心由烦恼之地变成了人间净土！

在南非，有一位叫葛雷蒂丝的黑人妇女，她的家族是黑人中的望族，但在一次政治选举中遭到攻击，家族成员中的大部分人都被杀害，家也被烧了。

她的内心充满了怨愤与仇恨。但她后来认识了慈济人，在慈济人的感化和帮助之下，她也加入了慈济，学会了原谅别人，放下了心中的埋怨与忧愁，以爱代替仇，一心一意去家居关怀，培训黑人妇女，让她们在家庭和社会中能够自立自强。她后来说：“普天之下没有我不能原谅的人。”

她的生活，也由此转为平安与幸福。

也还是在南非，有一位酋长态度很傲慢，对于慈济人的友善与奉献很不以为然。志（义）工们做好事，他的态度也很冷漠，有些黑人志工很生气。

但是有一位姓潘的居士懂得，冰冻三尺，非一日之寒。要改变酋长的态度，得慢慢来。她劝那些黑人志工说：“没有关系的。现在他还不了解我们，表明我们好事还做得不够长久，不够突出。我们有耐心慢慢让他了解，他自然就会接受的。”

果真，功夫不负有心人。这位酋长慢慢地转变了，最后也穿上了“蓝天白云”服装，投入了慈济的行列中，和慈济人一起去为社会付出。

慈济，就是佛心。

谁遇上了，谁三生有幸。

遇上了，是明缘，就像徒弟被师傅收留了。但收留了并不意味着你日后就是大师，就是菩萨。

佛门里还有一句禅语：“入门凭师傅，修行靠自己。”

这说明，人生的缘是要选择的。选善缘，结善缘，做善事。

乐在助人

人的快乐在哪？

不在财富，不在成就，而在于助人。

助人，祝福别人，才能使一个人拥有前所未有的真正的愉快！

中国最古老的六经之首——《周易》一书说，兑卦为什么解释为喜悦呢？因为泽中的水，滋润了万物，因而使万物喜悦。喜悦何来？因为给予，所以喜悦；因为得到，所以喜悦。

恩赐与受用，有了来回，就叫亨通。

社会亨通，自然其乐融融。

上人证严法师褒扬了慈济志工的说法。志工们说："感谢慈济让我们有机会付出，助人的感觉真好，好快乐！"

上人证严法师听了很高兴，说："施比受更欢喜，更有福！"

而这种"施恩"的普及，最重要的是以身作则。

上人证严法师在二零零二年十一月二十三日、二十五日开示的时候说了一个例子。

有一位老先生，在加入志工行列之前，是一位军人。那时，他在营区的大门口，经常看到慈济的一位影视志工兼慈济委员欧居士在营区外做生意。这位元老军人翟荣先生认识了他，慢慢又成了朋友。翟荣先生从欧居士口中得知许多有关慈济的资讯，自己又亲眼目睹了许多慈济人为社会付出、为环保工作的场面，他非常感动，并发愿退休后一定加入慈济。

一九九二年翟荣老人退休后，就成为慈济志工。翟老与欧居士志同道合，欧居士又看到翟老对志工工作全身心的投入，感到相当佩服。随着日子的流逝，两人的感情也日益弥坚。

当欧居士从高雄搬到五甲居住的时候，他对自己的独生子说："翟老伯伯一个人生活，现在年纪大了，你应该认他做干爹。有朝一日翟老伯伯的身体若有病痛，你就必须好好地照顾他。"

证严法师给我们选了这么一个感人至深又让人深思的志工例子。

翟荣老人首先被慈济志工所感动，决心像慈济志工那样活着，为大众付出，为社会付出。然后他的志工行为又感动了老志工欧居士。就这样，从无缘到有缘，由浅福到厚福。

施和受，有一个转回。原先翟老只想一心一意为街坊邻里，为社会贡献自己的微薄之力，想不到自己因此得到了更大的福。

这一切，都被证严法师言中：施比受更欢喜，更有福。

帮助别人是一种快乐，出于心愿，喜欢做。喜欢做，这种感受才叫“乐于助人”。

如果帮助了别人后患得患失，有吃亏的心理，没有快乐的感觉，那就不叫“乐于助人”了。

乐于助人，是我喜欢帮助别人。出自心愿。

助人为乐，是我想得到快乐，所以去帮助别人。帮助了别人，我乐。

这两者是有微妙之别的。

乐于助人，更符合佛的慈悲。

一个人助人，由不明确到明确，由不喜欢到喜欢，这就叫“精进”。

你所做的一切，都发自你的内心，都是自己的心愿，而不是师傅叫你去做的。只有到了这种境界，你才是“乐于助人”，你才是菩萨。

杨玉梅师姐第一次当志工就是一次“精进”的过程，是一次乐于助人的过程。

家里的师兄对这位师姐说：“你上了一年的课，光听不做，好像不够踏实啊。”

师兄就主动替她报了名。另外的师姐又给她安排了日期。

未去之前，玉梅师姐的心里还是七上八下的，害怕自己做不好，不懂得怎么做。但在师兄师姐的关照下她还是去了。

她第一个关心的是一位癌症晚期患者。患者不想治了，家属也很难过，她做了工作，后来患者就很配合治疗了。

第二个是一位七十二岁的患者。他早上走了一个小时才来到医院，又找不到 X 放射室，是她带着他去，又送给他午餐。他说他不饿，不需要的，但他接过午餐时流下了眼泪。患者一直声称儿子忙，不能送他来，其实他是家丑不外扬。到取药时，碰上了邻居，人家说："哟，你来了。你儿子在家怎么不送你来啊？"

玉梅师姐装着没有听见，就把话题引开了。

后来，她还找到一位"大德"把他顺路送回家，不需要他再走路了。

这位七十二岁的大伯离开医院时，对玉梅师姐说："慈济真是一个有温暖的地方。"

而玉梅师姐想告诉大家的是："在慈济这个团体里，有你真好！"

她把第一天做志工的体会与大家分享。她说："希望各位师兄、师姐，回去鼓励那些还没有来医院做过志工的家人，走出来做医院志工，这样真的可以收获很多。"

这就叫"乐于助人"。

社会需要真爱，大众需要温暖。人人都奉献出热心，我们的生活环境温暖如春！

信念与沟通

唐诗名句：野火烧不尽，春风吹又生。应该说中国人没有几个不耳熟能详的。

它不仅赞美了春天的美好，而且还赞美了大自然的生生不息，更赞美了野草的信念。所以，这两句诗读起来，让人感动，也让人感到意味深长。草的生长，在春天；只要春在，草的旺盛就在。

信念，在自然界，在人生，都是十分重要的。

一个人的成功与否，与信念是否坚定，有相当大的关系。

但人生的信念何来？信念来自人生的宗旨，来自生活的教育。

但宗旨何来，教育又何来？

上人在二零零二年十一月二日的开示中论述“宗教”时说过：“宗，是人生的宗旨；教，是生活的教育。每个人来到世间，无论从事哪一种行业，都不能缺少人生的宗旨。”

而且，宗教是大一体的，应该是不分家的。

下面是上人开示时的一段对话：

陈英和院长说："师傅，我是基督教徒。"

上人说："你是基督教徒，很好！但其实你信仰什么宗教，对我没有影响。我也不介意你是基督教徒，只担心你信仰得不够彻底而已。"

院长说："为什么呢?"

上人说："如果你信得透彻，那么基督教的博爱，佛教的慈悲大爱，其实方向是一致的。只要你信得彻底、正确，我也很喜欢。"

由此可见，宗教本身没有分别，有分别的来自于人的一念心。

这个"一念心"，也就是我们通常说的信念。

当内心迷茫，看不清前方时，就会乱了人生的方向。

当心念偏差，乱了自我心灵时，就可能会乱了外在的社会秩序。

所以，上人常说："天灾是由人祸而来，而人祸是从心起。"

而人的信念，需要通彻，需要沟通。

通彻，是说一个人对信念要透悟与始终不渝的贯彻。如果一个人的信念无法贯彻到底，那么他在修行道路上的脚步就不会稳健，以至止步不前。因为人的前进，往往靠的是"一念信心"。

凡夫俗子与超凡脱俗者，区别就在于有没有信念，信念能不能贯彻始终。

信念能够通彻，自己就能够精进。

信念能够沟通，“草根菩提”就会高大，就会荫及世人。

这是上人开示的话题与主题。

上人说：“近几年来，我一直期待大家能够落实社区工作。如果每个人都能负起推动自己所在的邻里、乡、镇工作的责任，那么接触面就会拓宽，力量就能集中。这两年，大家已不断地落实社区工作，不只是委员之间的互动，也结合了社区的志工。”

上人还说，大爱电视台有一个“草根菩提”的节目，已报道了许多志工与社区沟通以后的感人事迹。老人爱孩子，孩子爱老人，强者关爱弱者，弱者尊敬强者。

感情从沟通来，敬爱从感情来。

上人说：“青少年在当志工的过程中，不仅为人群付出了，对老人家的印象也改观了——原来老人家也这么可爱。”

孩子们还讲笑话给老人听：“我坐飞机是为了看天上，坐船要看的是海浪，坐火车要看风景，吃饭要看的是桌上。”

上人语：希望大家用心，不浪费时间。人生无常，我们要好好地利用健康的身体，在有限的时间里，为需要的人群付出。

点滴积累就是永恒的功德。

爱心与大同

有一个佛教的故事。

一个人在烧香求菩萨时说：“菩萨，你真好！如果我同你一样，我就不用求佛了。”菩萨突然有了声音，说：“我现在还求呢！”烧香的人就奇怪，问：“你都是菩萨了，你还求谁呀？”菩萨说：“我求我自己啊！”

这个故事，其实是一个禅宗。它需要我们去参悟。

烧香的这个人，其实他还根本不知道佛教的意义。他也不知道求佛是怎么一回事。有人笑那些平时不修道、不修心的人，遇到了问题和麻烦，才去求佛拜祖，就说你“平常不烧香，临时抱佛脚”。

这句话的内涵其实是说，你平时不修心，不施善，有了事情你求谁呀？谁也帮不了你。

所以说，拜佛其实是拜自己，求佛其实是在求自己。

你有善心，你积了德，你积了善，你的事情就好办。反之，你作恶，你跋扈，你最终是要碰钉子的。

比如说，你一时有困难，需要向人借钱。如果你平时帮助过人，有过恩惠给别人，你开口别人就会尽力帮助你，把钱借给你；如果你平常对别人不怎么样，别人也许拒绝你。从这个意思说，你借到钱其实是你自己借给自己的，你以前积了功德。

佛即我心，我心即佛。就是这个意思。

人活在世上，心很重要。

上人在二零零二年十一月二十八日开示时说："岁月不断地流逝，人心的道德观念也不断地流失，造成了多少天灾、人祸，使多少人受苦受难。"

上人说："只要人人心中有爱、有善，就能减少灾难。"

所以，我们要提倡爱心。正如一支歌中所唱的："只要人人都献出一点爱，世界就变成美好的人间。"

上人带着称心如意的神情，回忆了前不久会合约旦和土耳其两国的慈济人，一同前往捷克关心当地水患的事。

约旦和土耳其，过去都发生过灾难。每每遇难，慈济人都及时付出，献出爱心。在那里，慈济人友爱的种子早已落地生根。

二零零二年九月捷克发生洪涝灾害，上人便会合了土耳其和约旦这两个国家的慈济人就近前往救济。

上人说："捷克民众信奉天主教、基督教，慈济人同样去关心他们。土耳其、约旦等国的记者以及我们前去采访的大爱台记者都有着不同的信仰，可是，他们不分宗教派别，共同付出了自己的爱心。"

上人着重回顾了慈济人去关心一所教堂的事迹。在那里，有一所美丽的、庄严的教堂被洪水毁坏了，而这所教堂还有许多有价值的文化艺术品同时被水淹坏。慈济人尽了最大的努力，帮助修复了这个教堂。

慈济人为什么首选这个专案，作为自己献出爱心的目标呢？

上人说："第一，因为我们尊重宗教；第二，那个教堂富有教化的功能。"

她说，因为灾难以及人祸都源自人心没有谨守道德规范，所以才会做出种种错事。

如何让世间风调雨顺，国泰民安？上人说，需要我们每一个人都调整好自己的生活状态。如果人人都能少欲知足，心存感恩，互爱互谅，那么天下就会趋于祥和。

这是上人关于爱心的开示。

大同，则是爱心的展示与推广。

上人在二零零二年十一月二十四日的开示中说了一句隐含禅机的话语："福田一方邀天下善士。"

她举了在台中举办"三县八定点"义卖盛况空前的情形来开示人们：爱心的推广，便是大同。

有人告诉她："师傅，大家都说现在景气不好，其实也不尽然。台中的这次义卖很热闹，很多人都去了，在潭子附近还塞车将近三小时。"

上人说，我们在台湾中部、北部都有工程在同时进行，景气虽然不好，但幸好有许多人肯投入；人多力大，在以不影响各人的生活为前提下，点滴的积累都是力量，点滴的关爱都是温暖。

上人还说，医疗、慈善、文化、教育，是慈济的四大志业。就如一片福田，需要天下所有的善士来操心，来耕耘。

“心莲万蕊造慈济世界”，是慈济人开创的美好景象，也是未来的宏图！

这需要我们的菩萨心，菩萨行。

——正所谓：心地开阔，不存杂念，慧根广种，爱意万里。

“心包太虚”与幸福

先天下之忧而忧，后天下之乐而乐。

这是范仲淹在五十八岁那年，经历了人生的酸甜苦辣和艰难困苦后写《岳阳楼记》时，留下的佳句。古代的仁人志士与当今的凡夫俗子不同，他们的情感不轻易随景而迁。升官发财不会得意忘形，遭遇穷困不致愁眉不展。身居高位则为民解忧，流离江湖也替主分忧。

据说，当时宋仁宗闻此两句，也不禁慨然称颂。

但今人如何能做到“先天下之忧而忧，后天下之乐而乐”呢？

上人在二零零三年九月八日的开示中说：“我视天下众生为自己的生命，这叫做‘心包太虚’；众生的生命与我的生命息息相关，我的生命中有无限无量的众生。所以，我常说‘人伤我痛，人苦我悲’。”

上人的开示就是答案。我中有你，你中有我。世界由你我他组成，而你我他也应该融为一体。

上人还说：“幸福，其实是人间不可或缺的。”

但怎么才算幸福呢?

幸福来自两个层面——

幸福的第一层面是丢掉和超越烦恼；

幸福的第二层面是“一心一志”为众生。

上人说，“幸福”往往会写成“辛苦”，“福”的读音与“苦”的读音也很相近。她说，如果一个人能将“苦”转为“福”，把“辛”变成“幸”，人生就幸福踏实了。

上人还说，每一个人或多或少都会经历人生的烦恼。一种是“熟不拘礼”，因为彼此太熟悉了，说话办事不留意，伤及了对方还不知道。一种是“个人主义”，凡事要别人配合自己，认为只有自己的想法才是对的，以己为中心，伤了别人而引起烦恼。

有的人有智慧，有悟性，很早就能觉悟，并且能寻找出正确的方法来超脱烦恼，以及彻底地甩掉过去迷茫的生活，这就是超脱。

这个意思在禅宗里的说法，叫“大死一番”。死什么呢?就是把不合适的念头打死。这样，我们的法身慧命就会法性大增。

另外，人的幸福在于付出，而不在于索取。

把自己的幸福与别人一同分享，这份幸福就会被大大地扩充；自己的痛苦如果有人来分担，痛苦就会变淡变小。

南非慈济的林莉婷同学在这方面就很有体会。她在总结志工经验时说，有一次她到肿瘤科服务，她的闽南语讲得不好，担心会影响沟通，谁知她的不标准的闽南语反而让患者高兴。那天她还有点感冒，精神不大好，怕影响服务的质量，但感冒了鼻子不通，闻不到异味，工作起来就更加舒适。她还到一些监狱里进行关怀，当她与那些犯人像朋友一样自然地聊天时，看到他们很开心，她就深深地感到——能给别人幸福快乐的感觉，真好。

当然，像林莉婷同学那样把幸福带给别人的慈济人有很多。

上人说："人多，力大，福也大。但愿能以很多很多人的福，创造出人间的净土。"

如果我们先有福，我们就要创造人间的净土。我们有了净土，净土上就能长出幸福。

上人抱着感恩的心情回顾了慈济人在二零零二年共同成就的福音。

她说，一月，排除万难，慈济人赶赴阿富汗为难民发放物资，同时也救济萨尔瓦多大地震中的灾民。两地的救灾物资都是美国的慈济人"取诸当地"，以慈济的名义去发放的。二月，慈济玉里分院动工。三月，大陆法师来访花莲，九十多岁的老法师终于如愿以偿，与上人亲切会面。四月，充满希望的潭子园区动工。这其中最让人感动的是对印尼的救助。印尼一月发生洪灾，二月慈济人便投入关怀。当地慈济人的努力感动了政府和群众，政府动员军警人员与慈济人一起，抽水、打扫、消毒、义诊，以及到后来大爱村的建设和红溪河的整治，都是慈济人与当地政府共同努力的善果。

由于河流得到了治理，昔日的臭气再也没有了，省长要举办龙舟竞赛，让国际知道他们在环保方面取得的伟大成就。

上人为此既激动又感恩。她在开示时说，这一年，每一个月都有我们的四大志业、八大脚印——慈善国际化、医疗普遍化、教育完全化、文化深度化在进行。这完全是大家用爱心，集合群体的力量做出来的。

“心包太虚”，究竟是什么？其实就是胸怀世界，普度众生。

自己的幸福，在哪里？就在于“三愿”上的奉献与努力。

“三愿”又是什么？就是上人所开示的：净化人心、祥和社会和祈求天下无灾难。

草根菩萨与清净世界

野火烧不尽，春风吹又生。

这诗句赞扬的是小草顽强蓬勃的生命力。可以这样说，草与人同在。哪里有人哪里就有草。

有一个故事。父亲修田埂，铲草不除根，过不了几天，小草就又长出来了。一段时间后父亲又去铲一次。儿子琢磨着草为什么能长得这么快，他读书长知识可能还不如草长得快呢！但他又不服气，于是就把书带到了父亲铲草的田埂上去背。当他读的书还背不熟内容，只记得一些词句而已的时候，草就又长出来了！

这就是上人在二零零二年九月十二日的开示中说的故事。上人借这个故事说明了慈济人的济世精神，那就是要有草根般坚定的意志、毅力，生命要如草一般蓬勃，生生不息。

而慈济志工对环境保护的奉献，其精神就像是大地上的花草树木。大地永远需要这些花草树木的装点与保护，唯有这样，大地才能永远安康与美丽，而世界同样需要慈济人的精神。证严法师非常高兴慈济有了许多环保志工，这些环保志工就有如地球上的花草树木，法师亲切地称这些志工是“草根菩提”。她常说：“在大爱电视台的节目里，我最喜爱看的，就是‘草根菩提’。”

这里就有一个“草根菩提”的故事。

有一位电视机制造商，他是一位慈济人，他邀请上人证严法师到他的回收工厂参观。这个厂专门回收废弃的电冰箱、冷气机、电视机等。回收工厂的科技水平很高，流水线作业可以将电视机的外壳、荧幕、内部零件、电线等装备一一分类。厂主说，回收的原料可以再利用，从而降低成本；最重要的一个是，可以减少废物对环境的污染，延续地球母亲的清纯。这是一举两得的事。

证严法师对地球污染的情况甚为忧虑。

台湾有一个地方，因土地受到重金属的污染，眼看着黄澄澄的稻子就要收割，但农委会检测到这些稻米都不能吃了，农民便只好忍痛销毁了这些稻谷。销毁了还好，如果让人吃了麻烦更大。

另外，人口在不断地增加，而地球却只有一个，也不能再大了。现在，世界人口是六十多亿，过不了多久，世界人口就要突破一百个亿了。这是好事还是坏事？

不管是好事还是坏事，这个事都是要来的。过不了多久，世界人口就会突破一百亿大关。

而我们每个人来到这个世界，对地球而言都是一个污染源。

身体受伤会感染，会化脓，甚至发臭。为了口欲，每人每天要吃进多少东西，要消化多少东西？而许多食物的得到靠的都是伤害（捕猎）。伤害是污染，消化排泄也是污染。人的呼吸是污染，人类居住环境的改善（比如空调）也是污染，生产更是大的污染。

好在地球上有许多的树木、草地，绿色的植被在为我们吐新纳故。

所以，我们要爱护自己的家园、大家的家园。

爱家园，敬畏每一件物品，这个地球才会美好。这个理念不仅我们要知道，而且还要让下一代也知道，要以菩萨之心教导孩子，教会他们从小事做起。陈梅芳师姐就经历过这样一件事。她到一个会员家去收功德款，看到那个会员是这样教导孩子的，令她感动不已。孩子不小心碰到桌子角，哭着对妈妈说：“我好痛哟！”妈妈说：“是你自己不小心，去跟桌子说对不起。”孩子跑过去说对不起。在跑的时候，地板咚咚响，妈妈又说：“要轻一点，地板会痛的哦！”后来妈妈要孩子拿木瓜来切了吃，孩子不懂怎么拿，用力给捏坏了。妈妈说：“你没有用双手捧着木瓜，捏坏了。”孩子就抚摸着木瓜说对不起。

这就是智慧——惜福爱物。这样的孩子长大后一定会敬人重事。但我们好多人就不会这样做，更不知爱惜我们的家园，我们的地球。

为此，证严法师说："现在的水土保持，实在令人忧心。所以，我很尊敬环保志工们。我们做环保不必懂得高深的学问，只要懂得用心爱护这片土地，就可以'垃圾变黄金，黄金变爱心，爱心化清流，环绕在地球，净化人心了'。"

好在慈济人都是"佛心师志"，将我们的凡夫心换成了佛陀的大慈悲心，在做志工。

证严法师说，台湾是一块福地。小小一块地方，能集合包括慈诚、委员、环保志工、老师、荣誉董事等团体，一共将近二十万人，来推动四大志业。每个人都在做好事，每个人都在说好话，减少冲突，增加和谐。只要大家继续努力，宝岛台湾终将会变成人间菩萨的净土。

说好话，发好愿，做好事

上人在二零零二年十二月七日的开示中，期望慈济人在二零零三年“说好话，发好愿，做好事”。

从佛学意义上来说，说好话是口净，发好愿是心善，做好事是慈悲。

古人早就说过：好话一句暖三冬。但为什么我们就不愿说好话呢？

现代西方人也说：最容易赚的生意就是赞美。但我们的生活中有多少人在赞美其他人呢？

在我们的生活中，往往是谣言比赞美跑得快。所以，乡下有俚语说：好事不出村，坏事传千里。

上人说，现在人心浮动，经常互相争吵、毁谤等等，这都让我们的社会、家庭很不安定。所以不要仅止于《静思录》中的“口说好话，心想好意，脚走好路”，更须落实在我们的生活、行动中。

说好话，就是善于赞美别人。

赞美别人，不是嘴上会说，不是乱吹牛，或者溜须拍马。能够赞美别人，首先是要能真心地发现别人的长处和优点，这样你才能说得出来，说出来的话才让人相信你是在真心地赞美别人。

——这就要用心。

但言为心声。心善才会有好的心声。

如果你的心不正不好，你的心声当然也会不正不好。你说出来的话，人家就不爱听，甚至伤人。

所以说，要做到说好话，心里首先要有好愿。不要以为，我们心里在想些什么，人家都不知道。你想什么，你做什么，人家怎么会不知道呢？“举头三尺有神明”啊！你会自己流露出来，甚至自己说出来的。要让人不知，除非己莫为，就是这个道理。所以，我们每一个人的心里，都要愿别人美好。只有这样，你才能首先发现别人哪怕是一点点的美好的萌芽。你赞美了别人，你的话就会像阳光、雨露；别人的优点就会像胚芽，会茁壮成长。

——这阳光雨露，就是我们的好话。

按照现代观点来说，说好话、发好愿，都是“务虚”。

只有我们脚踏实地地做了好事，做了许多的好事，我们这个世界才会发生美好的变化。

上人在二零零三年一月十七日的开示中，给人们描绘了一幅感人至深的图画。

一九八二年一月十七日，也就是农历的十二月二十三日，慈济举办例行冬令救济，在团聚日摆了一百五十桌酒席。在这一天，无论是年轻人还是阿公、阿嬷，大家都回到这个大家庭中，少搀老，老靠少，一路欢喜一路爱。

有老人不舒服的，青年人就主动扶他们到义诊处看医生。

有的年轻人说："阿公、阿嬷，快过年了，洗洗头，刮刮胡子，干干净净好过年。"征得同意后，他们就帮阿公们洗头刮胡子，还帮阿嬷烫头发。

年轻人热情高涨。他们帮老年人整理服式仪容，帮他们按摩，还让老人们舒舒服服地围炉坐，场面一片温存孝顺。

我们常常祈望：温暖人间春常在。

这就是温暖人间，这就是春常在！过去，这都是过新年时对联上写的话，但现在竟一一变成了现实！这是何等的伟大？

宗亲，只是小小的一部分人。宗亲快乐，也只是寡乐。

慈济人除了宗亲，还有法亲。法亲是许多人，法亲快乐，才是大乐！

社会康乐，人人愉快。这是许多人期盼着的美梦，也是许多政治家梦寐以求的事情。但他们不一定都能实现，而慈济人却实现了，做到了！

这就是做好事改变世界的例子。

上人还再次说到慈济人关怀全球的故事。

萨尔瓦多于二零零一年正月发生了大地震，慈济人及时赶赴灾区帮助他们，并计划援建大爱村。经过一年的时间，大爱村落成。萨国总统、副总统、文武百官，还有许多外国使节，都来参加大爱村的落成典礼。萨国总统表示，非常感激慈济人，说“慈济是萨尔瓦多的希望”。

这是多么高的评价！一个人做的事情成为了别人的希望，这是非常不简单的。

上人说：人类最期待的就是希望。

而我们给予别人的恰恰就是希望。我们不仅帮助他们改变了现实，而且还让他们有了改变这个世界的希望。我们把别人的心灯点亮了！

心灯点亮，前程就会明亮。

做好事不仅会使世界美好，也会使自己美丽而长寿。

有一句很哲理的话，叫“形式由心造”。就是说一个的外表、仪态，是由心理形成的。你常有美好的想法，有宽容的态度，有感恩的慧根，天长日久，你就会朝气蓬勃，仪态万方，高贵而美丽。

相反，如果一个人老是想着算计别人，老是走歪门邪道，他肯定五官不正，目斜嘴歪，脸面奸诈，气质阴邪，见人说人话见鬼说鬼话，你说他能美丽吗？

上人在二零零三年一月十五日的开示中，赞扬了礁溪阿嬷张林蕉老居士，说她已经一百零一岁了，但仍然很有力气，脑筋清醒，耳聪目明，说话条理，行动矫健。上人发“福慧红包”时，她亲自走上台去领取，并且还想同上人说话。

一百零一岁的长寿之人各国都有，但一百零一岁还像她这样耳聪目明的人就少之又少了。她为什么能这样？因为她九十岁那年加入了慈济行列，尽自己的能力去做好事，去维护周边的环境，和乐地与年轻人相处。

上人说：心好、口好、身体好。

庇佑众生

如果说，一个人能庇佑其他不认识的人，让别人平安幸福，那这个人就一定是神明，是佛祖了！

也许有人说，那不可能。你又不认识别人，你怎么能庇佑别人呢？

有一个故事，名为海上惊魂甫未定，劫后余生怀感恩。

在公海上，半夜里，茫茫的波涛无边无涯。突然，二十几个海盗登上了一艘船，并冲进了船长室，持刀威胁着要船长把所有的财物都交出来。船长很镇定，将他所有的财物都交给了海盗，并一再恳求不要伤害其他船员。

海盗把船上的二十四名船员全部押进船舱后将其双手反绑。船上被洗劫一空，连裤带、内衣裤也拿走了。翻箱倒柜之后，被拉开的抽屉里只剩下一个“福慧红包”。

船长望着那个“福慧红包”，对海盗首领说：“你是哪里人？”

海盗首领说他是马来西亚人。

船长姓洪。洪船长就说："你听说过慈济吗？我们是慈济人，也是佛教徒。"

没想到海盗首领说："慈济我知道，在马来西亚做好事的，很受大家肯定。"

有了这样的话题开头，后来他们的谈话就越来越深入了。谈着谈着，洪船长内急，就对海盗首领说："你能不能让我去一下卫生间，我尿急了。"

海盗首领也趋于友善，为船长松绑并陪他去。回来后，海盗首领将船长原本反绑着的手松开，把手绑在前面了，而且绑得很松。但船长的手经过长时间的反绑已经又麻又痛了，他忍不住说："真的受不了了，手都不能动，心里很难过。"

船长这么一说，不可思议的事情就发生了。海盗首领居然给他按摩了十几分钟。

在海盗初上船时，船长就及时打了电话回家报警，家里人去报了案。之后军方海警和国际救助组织都出动搜寻营救。后来海盗得知了这一消息，就在军警到来之前匆匆离去了。但这一惊险遭遇已经历经四夜三天了！

船长说，如果没有慈济的话题，结局是怎么样的还很难说。

船上的人都非常感激马来西亚的慈济人，正是因为慈济人的常年付出，在马来西亚有口皆碑，连海盗也耳有所闻，才让船员们奇迹般地保住了自己的生命。

这个故事，是证严法师在二零零三年一月二十一日的开示中讲的。

证严法师很担心弟子的安危，她及时去看望了脱险归来的船员们。这个故事就是船长亲口对她说的。

船长的一家人都是慈济的成员，这艘船的所属公司里有多位股东都是慈济人，还有的是荣誉董事，有的是委员。

他们都平安归来了！

他们的平安之路，也许就是慈济的话题所铺成的。慈济成了一根救命的红线！

首先船长是慈济人。如果不是慈济人就不会有证严法师颁发的那个“福慧红包”，没有那个红包就不可能有慈济的话题。

仅仅只有船长是慈济人，还是不够的。他没有影响到马来西亚的海盗，那海盗首领是马来西亚的慈济人所影响的，是马来西亚的慈济人的善行善举使海盗有所耳闻的。

劫难平安，马来西亚的慈济人是菩萨。

船长他们自己也是菩萨。

什么叫福气？福气就是积德，就是做好事，就是关怀，就是付出！

而这种福气，能福荫旁人，福荫众生，这不就是菩萨吗？

好多人进到寺庙，看到有很多只手的千手观音，就不解地问，人都是两只手，而菩萨为什么要有那么多只手呀？

其实，菩萨就是众多信徒的化身，是泥塑金身而已。不是有人说：泥菩萨过江自身难保嘛！其实，那只是菩萨的一个载体，真正的灵魂在信奉菩萨的人的身上。

在慈济这个大家庭里，菩萨就是众志工，就是众信徒。

只要大家付出，大家关爱，大家就都是菩萨。

欢喜与自在

人的一生，谁不想日日欢喜与自在呢？但如何做到欢喜与自在呢？

证严法师是这样说的："福从做中得到欢喜，慧从善解中得到自在。欢喜自在就是福慧双修。"

福，不一定是钱，是物质，是财富；但福，一定是欢喜，一定是一种实践中的欢喜。换言之，皆大欢喜才是福！

有了福，也不一定自在。你见多少富翁跳楼，多少少奶悬梁？他们不是没有福（一般凡人所指之福），他们不愁吃不愁穿，甚至衣来伸手，饭来张口。他们为什么不活了呢？不自在啊！

自在，需要慧根，需要理解他人。

只顾自己的需要，不顾他人的感受与情绪，这样的人往往会得罪别人。而得罪别人的人，哪会有自在呢？

《易经》说："不给别人添麻烦，自己不麻烦。"只有那些善解人意的人，善解人困的人，才会得到自在。

如果说，人的身体要得到自在，起码得有一个宽敞的住处，起居、卧室、卫浴要一应俱全。

如果说，人的一生要得到自在，起码得有一个心的住宅，宽敞而且干净，夜夜打扫，日日更新。

证严法师在二零零三年二月一日的开示中说："我们的心宅，也必须天天打扫得干干净净的，扫除人我是非，建立爱的互动，这不就是'日日新'吗？"

证严法师告诉了我们，心宅宽敞与干净的秘诀：一是天天打扫；二是扫除人我是非；三是建立爱的互动。

如果一个人，他的心宅宽敞与干净，安放的东西都是真善美，能够立地藏菩萨的愿，但愿众生得离苦；发观世音菩萨的心，但愿爱心广无边；传文殊菩萨的智慧，但愿众生明人世；怀普贤菩萨的行愿，但愿众生皆有普度之行。这样的话，他离福、离自在，也就不远了！如果他身体力行，也就在福与自在之中了！

社会是一个污浊的世界，需要大家去清洗去打扫。

污浊的世界因何而来？为何而存在？

证严法师有一段名言，说明了世界污浊的根源。她说："人若心量狭窄，容纳不了我不喜欢的人，或者比我能干的人，那么贪、嗔、痴、慢、疑五种心理病态便从此产生。"这五种心理病态的扩散与蔓延，就造成了世界的污浊和污垢。

而佛教说，"人的心理有贪、嗔、痴三种大病"。这贪，排在首位。可见贪之"罪大恶极"。它是社会的癌症，是社会乱象的根源。人心难足。于是，人心不足蛇吞象，各种不自量力的事情、案件，甚至战争便由此发生。

证严法师说，贪是黑暗的无底洞。社会不安宁，来自于贪念。绑架、抢劫、欺诈，无一不是源于贪婪。由贪而心生不安，有了心不安之后，社会就难以安定了。

社会安定，需要许多善人来维护（当然，法制也不可能缺少。）慈济人，都是从善之人，为人解困解乏之人。从这一层面说，慈济人越多，社会就越安定，越有福气。

《志工笔记》第一辑里，有一篇叫《贩毒者之泪》的文章，说的是一个贩毒青年转变的故事。他转变的原因，就是因为家庭的爱与慈济人的爱。这位青年家境很好，全家兄长都在教育界服务，很有出息。他也想突破，但路子选得不对，为赚钱去贩毒，几度进出监狱。但一家人还是不丢弃他，对他寄予希望。老父亲说："孩子，我年纪大了，真的需要你，你可以来帮忙吗?"父亲的挚爱儿子感受到了，儿子就帮父亲开货车送货。不幸，出了车祸，使客人、父亲和他自己都受了伤。父亲因伤势过重，几天后便过世了。客人只是轻伤，他自己则开放性骨折，上下嘴唇开裂，伤痕累累。

家人最终将他父亲故去的消息告诉了他，他去参加了告别仪式，回来后很落寞。证严法师去看望了他，握着他的手说："我知道你去办了一件很重要的事，但是过去的都已经过去了。"

这个时候，青年人一直点头，眼泪夺眶而出。证严法师又说："在这个时候，你更应该负起家庭的责任。我想你参加丧礼后，感触一定很深。"

这位青年说："我过去错得太多了，无法弥补。我一定重新站起来，好好照顾妈妈，也要对太太好。"

他紧握着证严法师的手。法师的手痛，青年的心更痛。但痛中生喜啊，因为他知道痛改前非了。

这就是爱，它可以改变一个人。尽管改变的过程非常痛苦。

一个人的生活、工作可能平淡无奇，就像美发师陈阿桃那样。

但陈阿桃由于投入了爱，她的生活便从此有了亮色，有了光彩，继而有了欢喜！

她十三天义卖了十三万多元，捐赠给了大爱电视台。她卖的并不是什么紧俏品，而是别人不要了的衣服。

"阿桃，你在卖衣服吗？"有一天黄师兄问她。

"是啊！"阿桃一边忙一边答。

"有委托行和我们结缘五大袋的衣服，就请你帮忙卖吧！"黄师兄想请她帮忙。

衣服送过来了，阿桃一看，全是过时的旧式样。客人翻了一个早上，也没看上几件。这包衣服放在店里又占地方。她没有办法，就只能用袋子背到铺面外面让顾客挑选，关门时又装袋背回来。后来她又背到邻居的尚未出租的店里去卖，下午六点半就关了自己美发室的门，到巷口去义卖。但那些衣服都是二十四寸腰围的，能穿的人没几个。但她不气馁，沿街找合适的人来买。一天卖三位顾客，就能挣到四千多，让她开心极了！

正在这个时候，一位师姐又送来了一大卡车原本堆积在仓库里的外销衣服，全是大尺码，裤子三十八腰以上。面对这一大堆的“伟人”服装，应该怎么卖呀？阿桃对着衣服发呆。一会儿，几位胖太太进来了，她掩饰不住内心的高兴，笑了起来。人家觉得莫明其妙，就问道：“你笑什么呀？”

她说：“我看到了亲人呀！”

阿桃热情有加，胖太太们有心义买。结果每位太太都买了五十多件！真诚加合适再加便宜，使一卡车的大尺码服装十来天就卖完了。

阿桃整个人高兴得不得了。阿桃已经不用叫阿桃可以叫“欢喜”了！从心里到嘴上都是笑的。她说：“卖了十三天的衣服，让我修到了‘六度波罗蜜’。第一，布施，有能穿的衣服我都可以卖；第二，持戒，十三天内都说好话，也就是口吐莲花；第三，忍辱，有人试穿了一整晚，什么也没买，我还是向她说感恩、祝福；第四，精进，无论打雷下大雨，我都没有休息；第五，禅定，我忙到忘了喝茶、上厕所，忘了时间的流逝，真是把心用在了当下；第六，智慧，运用了捐者有情、买者有爱、卖者有义的善举之链，做成了大事善事。”

阿桃能做成这件事，真可谓历经磨难。她累得眼睛都睁不开了，整天眯缝着眼睛。但她认为这样很好很美，她想，观音菩萨不也是眯着眼睛看世界的嘛？

现在，阿桃成熟了。她说："有磨炼才会成熟，有付出才会杰出，有投入才会深入。"

你想想，阿桃说得多妙啊，活得多好啊！

她做到了皆大欢喜，所以她感到幸福；她做到了不怕辛苦，所以换来了自在。

证严法师这样赞赏她，说她"爱洒人间，广结良缘，慈眼众生，所以才迅速从苦桃变成了水蜜桃，永远甜美"。

守护日子，守护自己

证严法师说："难得人身，能够身体健康，再听闻真理，就有机会了解生命的奥秘，以及宇宙的真谛，更可以发心、立愿，为人群付出，所以健康非常重要。"

所有一切的一切，都建立在健康的身体之上。我们能不守护自己吗？

守护自己的元神，呵护自己的身体，是每一个人责无旁贷的事情。

元神即心，身体即形。身心都要健康！

要做到身心健康，就要守护好自己。

如何守护好自己？要讲道，讲医，讲适，讲仁。按照健康专家洪昭光先生的话说："大道至简，大医至爱，适者有寿，仁者无敌。"

生活要过得简单，身体才会好。简要，是生活之道。

医身的同时，要医心。心的激情与爱，能战胜药物不能战胜的疾病。证严法师说，佛陀是治疗人心的，世间的大药王是治疗人的病的。佛陀开启众生的慧命，医师守护众生的生命。

如果能够给予病人爱心，解除病人的心结烦恼，这就是用医的同时先用爱。既守护生命又成长慧命。

适者有寿，也就是说要适时、适应，要与环境融为一体，天人合我。

维多利亚宣言的四大基石是以“适度”为本。合理膳食即平衡适度的膳食，加上适度的运动量和戒烟限酒，人便可颐养天年。

仁者无敌，就是万事放得下，宅心仁厚。

证严法师在谈到“心地”时作了一个精辟的比喻。说有些人因为经济不景气失业了，种种埋怨由心而生，动辄想不开，就像温室里的兰花，忽然间空调失控，无法适应环境变化，很容易就枯萎了。

证严法师还说到一位太太，自己的企业经营得不顺利，资产与钱财不断缩水。正在这个时候，朋友邀她合伙投资，她欣然接受，开了支票，心想：东方不亮西方亮，堤内损失堤外补。谁知这位朋友把她的支票拿去地下钱庄抵押借钱了，本利都还不起，人家便到她的工厂外边抗议了。

诸事不顺，她也气不过，甚至想自杀。好在遇到了慈济志工的帮助，并且接受了医院的心理治疗。

后来，这位太太的心情平复了，她愿意卖掉自己的工厂来抵偿朋友给她造成的债务。工厂虽然没有了，但住日的轻松、家庭的和乐又找回来了。

古时候，有“气死程咬金”的故事。有些事情，我们不退一步去想，钻进了牛角尖，想出来就难了。

适应环境的变化而变化，这就是我们常说的“适者生存”。

要做到有寿，那就要宽厚地去看待身边所发生的一切事情。睡一觉，太阳又从东边出来了。

证严法师告诉我们：“要放下得失心，转个心念，‘心宽，天地就宽’，凡事都只是一个想法而已，观念若转变，思路就会开阔，处处就都能遇到贵人。”

至于如何守护好自己的日子，这可是人人关注的问题。

要守护好属于自己的日子，守本分、克己与随缘，可能是你最好的警察。

如果能守本分、克己和随缘，你安稳的日子、舒心的日子，就不会被盗走或流失。

如果一个人一旦失去了本分与不能克己，那么灾难就会等着他。

证严法师给我们说了这样一个故事。很久以前，有一位西藏王特别喜欢吃鱼。有一年干旱，溪水断流，哪里能找到鱼呢？藏王就叫人贴出告示：凡愿意为本王送鱼者，不论要求什么，一律赏赐。有一位在外地谋生的藏民知道了，回来时特地买了几条好鱼，准备敬献给藏王。当他来到王宫大门口时，却被卫兵拦住了。卫兵想吓唬送鱼人，让他把鱼留下，这样自己送去就能得到大王的赏赐了。这主意对他不错，但送鱼人死活不肯，说自己这么辛苦地从外地把鱼带回来了，怎么能让你送上去？这没有道理呀！卫兵说："这样吧，我同意你把鱼送进去，但大王赏赐的东西我们一人一半，如何？"送鱼人想了想，认为也只好这样了，先把鱼送上去再说吧。于是，送鱼人就答应了卫兵的条件。送鱼人高兴地把鱼送给了大王。大王也很高兴，问他："你想要什么赏赐？本王说话是算数的呀！"送鱼人说："我想让大王赏赐我一千大板。"大王以为自己听错了，连续问了几次。送鱼人最后向大王说出了原委：无论大王赏赐什么，他都要与卫兵一人一半。大王明白了。于是，送鱼人的五百大板是轻轻地打，做做样子的；而卫兵的五百大板，大王这样说道："商人已经领赏了，剩下的那一半就是你的了，来人！给我重重地打！"

这个故事说明，贪心导致了挨打，不过是皮肉之苦。《易经》里还有一个故事，当事人因为有非分之想，最终丢了性命。

周朝的时候，等级制度十分严格。多大的官乘坐多少马拉的车，有明确的规定。比方说，你的官阶只能乘坐两马的马车，你就不能乘坐四马的马车。有一个小官，他原来是坐两马的马车的，但他为了显摆，借了比他官大的朋友的一辆四马的马车。谁知走到半路被一伙贼人抢劫了，人也被杀了。这伙贼人专抢乘坐四马马车的官，因为官大财多啊！

《易经》说，享受不该享受的福，就是祸。

随缘，是包容、宽容和合群。

证严法师说，包容首先要善解。因为有些人做事说话有一些陋习，往往是说者无心。假如我们听者有意，就会自招烦恼。所以，对人对事首先要有一份善解，这样，天大的误会也能一笑了之。古时候的人，尚可以“一笑泯恩仇”，我们今人对那些口无遮拦说错了一两句话，做事毛手毛脚做错了一两件事的人，不可以原谅吗？

证严法师说：“即使对方有意伤人，只要我们无心接受，就也很容易善解。对事不要存有成见，若能打开心门事事包容，内心就必然轻松自在。”

怎么守护自己的日子？那就要包容和宽容日子中的瑕疵和伤害。

有了包容与宽容，就很容易合群，生活就会快乐与顺畅。

包容与宽容，不仅仅是对别人，也包括包容与宽容自己和自己的失败。而后者往往被人忽视。志工笔记《在人间洒爱》里就说到一个女大学生毕业后，因为自己没有达到理想的业绩，加上经济不景气，又被单位辞退了，于是起了轻生的念头，从楼上跳下来，结果被人救到慈济医院医治。她自己长相甜美，父母又把她视若掌上明珠，时时疼爱着她，但她都不想活了，这是为什么？因为她经不起失败，没有那种包容与宽容自己不足的胸怀。

后来，经过慈济志工刘倩如师姐和宝彩师姑的帮助，她的心扉慢慢地打开了。先是听志工师姐、师姑讲在外国留学的经历和见闻；之后慢慢就一些感兴趣的问题一起交流，最后就成了朋友。

刘倩如师姐和宝彩师姑都是青年人，在外国留过学，可谓见多识广。但她们有慈善之心，她们包容和宽容了这位因想不开而跳楼的同龄人。她们与她交谈，与她交心，帮助她把缠住自己的心结解开了，身体也迅速康复起来。

过年时，当这位女青年看到大爱电视台采访志工刘倩如师姐的画面时，兴奋地打来电话，话音里一扫过去的沉闷与忧郁。她还写了一封信给宝彩师姑，说她现在除了每天做康复，还参加了台南的岁末祝福活动。

一句话，她已经合群了，融入了社会，而且心情开朗。

在生活中，我们都是鱼。水里可以没有鱼，但鱼不可能没有水。水就是大众，就是芸芸众生啊！

菩萨与人

菩萨是慈祥、慈善和救世的象征。

如果可能，人人都想像菩萨那样，救人于苦难，解人于水火。但在一般人的想象当中，菩萨又是高不可攀，想做也做不来的。

以上想法，是芸芸众生中许多人的想法。

证严法师说过，佛和菩萨原先都是人，不是神。只要你做好事，急别人之所急，你就是菩萨。起码你做好事的那个时候，你是菩萨。

证严法师在二零零三年二月六日的开示中说：二零零二年元月二十七日，雅加达下了一场暴雨，造成了水灾。许多人在这场水灾中，献爱心救助灾民；对灾民来说，救他们脱离水患，并且有求必应的这些人，就是他们的菩萨。

佛典有云："一佛出世，万人得福。"

证严法师说："其实只要心中有佛，人人就都是佛。"

证严法师举了印尼慈济人的例子。在印尼共有慈济人三十六位，年终时他们一起回到台湾，从台北出发，绕经中部、南部，再回到花莲，一路行走，发好心发好愿做好事，发誓从今以后，有力出力，有钱出钱，成为慈济的“荣董”。

证严法师说：“印尼的这群企业家，不仅有钱有力，最重要的是心中有爱。”接着，证严法师夸奖了他们，建议他们继续努力，投入慈济的专案，他们都说没有问题。

证严法师高兴地说：“印尼有许多‘没问题’的师兄师姐，既然没有问题，还有什么事是做不成的呢？一定做得起来。”

佛教教义历来强调内在的因素，信奉外因可以通过内因来起作用。佛陀说：“一切唯心造。”它与哲学中的“相由心生”如出一辙。

成佛，首先要具有佛心。

佛心就是爱，就是善，就是信，就是做。

做人，尤其做好人，特别是可以成为菩萨的人，除了像那群印尼的“荣董”那样，有爱心与善心之外，还要有诚信。

证严法师在开示中引用了佛教中对于诚信的论述：“信为道元功德母。”她进一步教导我们说，修行一定要有“信”，而且是正信，有正信的修行者一定会成功；企业家也要讲究“信”，从事贸易若彼此没有信用，事业就无法开展；民众对政府也必须要有信心，社会才能安定。

诚信，是做人的根基，是社会的基础。

没有了诚信，做人就会不牢靠，社会就会不稳定。

无论爱，还是善，还是信，都要实践。

不能只说不做。佛学讲究的是做与悟。说，尤其是喋喋不休地说，与佛是相去甚远的。

圣经《路加福音》里说过一个故事——

一次，一位犹太律法师来问耶稣，怎么做才能得到永生。耶稣表示，按照摩西律法的规定，以全部身心和力量爱上帝，又以己之心爱邻人，就会永生。

律法师又问："那么'邻人'指的是谁呢?"

耶稣用比喻回答："有一位犹太人从耶路撒冷到耶利哥去，途中遭劫，强盗把他的财物洗劫一空，又把他打个半死，丢在路边，之后扬长而去。过了不久，一位祭司从这里经过，看见那人躺在地上，就绕道而行，继续赶路。之后，又有一个利未人经过，也像祭司一样绕道避开。后来，有一位历来被犹太人鄙视的撒玛利亚人经过，看见这犹太人，就连忙上前去，小心翼翼地用酒和油为他敷治伤口，又用绑带包扎好，然后把他扶上自己的坐骑，带到附近的客店，整夜照料他。次日，当他离开时，还把两个银币交给店主，说：'请替我好好照顾这个人，如果钱不够用，我回来时会再给你。'"

讲完这个故事，耶稣问："你认为这三个人中，谁是遭劫者的邻人呢?"

律法师说："那个善心的撒玛利亚人。"

耶稣说："对了，你照着去做吧！"

应该说，慈济人都与这个善心的撒玛利亚人一样，有着可歌可泣的故事。

证严法师在开示时说过的菲律宾的慈济人，也有着一样感人至深的故事。

菲律宾慈济人最突出的贡献就是义诊，十一年来他们举行过三十九次大型义诊。菲律宾是一个岛国，有七千多个大大小小的岛屿。每次他们要去的地方，都是最边远、最困难的无医岛、无医村。菲律宾慈济人做的是最远最穷最苦的人的"邻人"。

有一次，他们到了一个海岛，那里的人患的病他们连听都没听说过，更别说看见过。有一个小孩，出生时肠子就在外面。还有一个女人全身长满了瘤子，丈夫就带着长满瘤子的妻子来就诊。丈夫是一个瞎子，大夫看了丈夫的眼睛，认为马上可以开刀治愈。这可真是因祸得福。在治疗期间，志工们就问他："你看见过你的太太吗？"瞎子丈夫说："年轻的时候见过，后来眼睛患了病就看不见了。"

志工们担心他看见太太现在的这个样子会不肯接受，就问他："若是眼睛医好了，看见太太的情况会怎么样呢？"

他说："无论怎样，总是很好的太太啊！"

丈夫的眼睛医好后，看见太太生病的样子，仍旧恩爱如初，手到心到地帮助妻子治病。

在无医岛上，每次义诊都非常辛苦，动辄就有上千名病患者。其中患牙病的人很多，一个上午，拔掉的坏牙就有一大盅，让谁看了都心颤。

人生最苦的是贫与病。能够解救贫与病的天涯人，这不是菩萨又是谁?

一念之差与一念不差

人们常说，差一点点，就能怎么样了。

这个“一点点”，在佛教中说，就是“一念之差”。

心里的一念之差，在行为和效果上造成的偏差，可就是十万八千里了！

证严法师在二零零三年二月十一日的开示中说：“凡夫的心，常起伏不定。在好的环境中成长或受到周围善的影响，就可以投入到人群中去做有益的事；万一环境偏差，人们不知不觉就会步入罪恶的陷阱。这就是观念偏差所致。”

一念之差，对于一个人来说，往往会终生痛苦；对于社会来说，往往是贻害无穷。

《志工笔记》第一辑“用生命学习”里就有一个故事，叫《少妇追求甜言蜜语，却落得两败俱伤》，说的就是“一念之差”。一个少妇长得漂亮，老公也帅气，本来是一个幸福的家庭。但少妇因“一念之差”，嫌自己的老公不会甜言蜜语，就找了一个情人。情人会说甜言蜜语，打情骂俏，但是一个流氓。老公以为自己的老婆红杏出墙，是因为找到了比自己强的男人，他就跑去与老婆的情人谈判。他说如果你真爱我老婆，我可以让给你，但孩子留给我。对方说，可以呀，边说边伸出一个指头。老公不懂人家是什么意思。人家说：“钱呀！”“多少？”他以为是十万。猜了几次都没有猜对，人家说是一千万。最后两人扭打起来，老公被流氓砍伤了腿，老婆为保卫老公，又被砍伤了双手。

直到进了医院，她还是不清楚自己是怎么搞的。她说自己其实很爱老公，却不满意老公的木讷，说自己喜欢情人的甜言蜜语。说和老公结婚四五年了，老公还没有说过一次“我爱你”。

在女人的感情世界里，我们承认“我爱你”这三个字很重要。但这三个字也不能当饭吃呀！

感情真的不是生命中的全部。就像我们去外地旅游，那只是一个很美的回忆，却不必一直待在那里。感情只要曾经拥有就好，不一定非要占有。爱要有品质，不要你爱对方，但得不到对方的爱，就想伤害对方。吃不到葡萄就说葡萄是酸的，这种人不是伟男人和大女人。

要知道，缘来时要惜缘，缘去时要随缘。我们若能做到随缘，那么为人处世就会泰然处之。

这个世界上有四个人。一个是你，一个是你最亲的人，一个是你最爱的人，一个是你最讨厌的人。你最亲的人，不一定能与你长相厮守；你最爱的人，不一定能与你朝夕相处。但只要我们拥有过最亲的人、最爱的人，就足矣了！

导致老公被砍伤腿、自己被砍伤手的少妇，就是因为不知足。不知足，使她有了“一念之差”。“一念之差”使她的家庭破碎，两败俱伤。

一念之差，使一个人从幸福变成不幸。

一念不差，使一个人从不幸变成幸福。

证严法师给我们介绍了一位有智慧的老人。这位老人是一位老士兵，没有什么财产也没有成过家。当年退役之后，他在海边搭建了一栋不到两坪大的房子。如今，房子已经破旧，人也老矣。在一般人的眼里，他是一个不幸的人，一位不幸的老人——一辈子没有结过婚，老了孤苦伶仃。

但老人并不这样想。他每天趁天还没有亮，就到海边捡石头。早捡晨曦，晚拾夕照，甚至有月光的夜里，老人也在捡石头。他捡了石头拿去卖钱，卖了钱自己的生活却依然俭朴。

这是为什么呢？原来早年他个性孤僻，是慈济的志工们帮助了他，使他找到了自在与欢喜。他现在也是志工，他平常省吃俭用，就是要把自己一生的积蓄一百多万元，捐赠给慈济事业。

那一百万元装在一个破袜子里，压在床底下。当他把这一百万拿出来要捐给慈济时，志工们都感动得说不出话来！

后来志工们都劝他，要做善事，也要为自己留下一点积蓄。

老伯却认为，他只有一个人，即使死了，后事也有志工们来安排，留着钱没有什么用处。把这些钱留在身边，将来死了不知道被谁拿走了，用到什么地方了也不知道。这更麻烦，何苦呢？

这就是老人的心念！

一念不差！

证严法师说："他的心像海一样广阔，像天一样清朗。心无一物，空无烦恼，并且能体会到亲手布施的喜悦。他确实是一个有智慧的人。"

老伯捐了钱后，志工们为了他的安全着想，请老伯住进了"慈济小筑"，即慈济人为孤寡老人建的房子。这是后话。

证严法师称赞老伯是一位智者，同耶稣的看法是一致的。

耶稣说过："知足常乐，不要整天忧愁。忧愁对人没有一点好处，它已经毁了许多人。它会使你未老先衰，嫉妒和烦恼会缩短你的寿命。"

换个角度看杯子

《马太福音》里有一个故事，叫“只见别人眼中有刺，不见自己眼中有梁木”。在这个故事中，耶稣批评一个不懂道理的人说：“为什么只见你兄弟眼中有刺，却不见自己眼中有梁木呢？你自己眼中有梁木，怎能对你兄弟说：‘容我去掉你眼中的刺？’你这假冒为善的人，先去掉自己眼中的梁木，然后才能看得清楚，才能去掉你兄弟眼中的刺。”

耶稣认为：欲正人必先正己。

后人以“眼中的刺”比喻“小毛病”，以“眼中的梁木”比喻“大缺点”，以“只见别人眼中有刺，不见自己眼中有梁木”比喻“待人苛刻，律己宽松”。

证严法师说：“人都有可爱的一面，即使有一点缺点，也像杯子的缺角一样，若换个角度去看它，杯子还是完好无缺的。”

她拿慈警会的警察举例，说有个别警察由于工作的关系，必须接触黑白两道，置身染缸，难免受到污染。但因为有一个相互激励的环境，有一个彼此勉励、相互影响的慈警会，所以个个警察都那么出色！

人，都有缺点。但人应该尽量展示自己光明的一面，把自己黑暗的一面藏起来，力争做到最大限度的尽善尽美。

对人，应该多看别人的长处，尽量去包容别人的短处甚至缺点。

这就如同看杯子，如果发现杯子缺了一个小口，你就换个角度看，其实它依然是一个完好无缺的杯子。

用杯子喝水时，用它完好的一面，就不会剐嘴。

《圣经》里有这样的珍言："宽恕别人过错的，得人喜爱；不忘旧恨的，破坏友谊。"

《志工笔记》里有一个故事，主人公是一个吸毒的青年人，不得不到加护病房进行治疗。他的脚部因为注射毒品过量，现在要开刀治疗。他不配合，还同母亲吵架。如果用杯子作比喻的话，这位年轻人就是有瑕疵的杯子。但志工陈玲黛师姐换了角度去看他，亲近他、帮助他，最终青年人成了好杯子。

当然，这需要一个爱心付出的过程。

当陈玲黛师姐看到这位青年的时候，他正在发毒瘾，东张西望，不肯配合医生的治疗。师姐没有厌恶他，反而走过去与他聊天。

青年告诉她说："你都不知道，我的全身好像都被蚂蚁在咬，晚上睡觉还发抖。"

她就告诉青年说："那就恭喜你啦！你大功即将告成。你体内不好的东西快要退尽了，难熬的日子就要过去了。"

第二天，母亲来看儿子，但没说几句话儿子就对母亲吼起来了。

陈师姐对那个青年人说，世界上有一件事情不能选择，那就是父母亲。并问他知不知道。

那位青年睁大眼睛看着她，恍然大悟道："是噢！"

陈师姐又说："世间有一件事是不能等的，你知道是什么吗？"

青年人知道是"孝顺"二字。

陈师姐说："那你知道什么叫孝顺吗？"

青年人就糊涂了，说帮妈妈摘番茄、茄子。

陈师姐说："那是孝顺，但那是你的本分啊！孝顺还得顺妈妈的意，与长辈说话不能高声大气，要细声细语。"

青年人觉得那也很简单，好做呀！

陈师姐就带着他到母亲跟前发愿，表示从今以后不再学坏，要彻底戒毒。

第三天，陈师姐又去看他，怕他有决心没恒心。她又鼓励他说："你现在的角色是什么？知道了吗？"

青年人说："做妈妈的好儿子。"

陈师姐还对他说了许多道理。比如：人生就像一个大舞台，台上有人唱戏，台下有人看戏。人人都在看，人人都在演。人生如戏，戏如人生。人的一生，关键是要演好自己的角色。

证严法师十分赞赏这位师姐，说这是“菩萨用智慧在做心灵辅导”；还说，“的确，人生如戏，戏如人生。要过好人生，就要认真去做好自己的分内事”。

父子同爱

中国人历来重视一个“和”字。

对于家庭来说，“家和万事兴”；对于生意人来说，“和气生财”！

但怎么样才算“和”呢？这个问题，也许我们都没有过多地想过。

证严法师在谈到医疗人文的时候说过：“不论什么单位，总是要‘和’的，而且必须眼睛看得见、耳朵听得到，才算真正的‘和’；态度不好、说话尖酸就不算和。”

证严法师还说：“彼此爱护，力量合一，才算是心合气和。”

证严法师在开示时说过一个有趣的故事。

高雄来了一群小朋友，每个人都给法师写了一封信。其中一位小朋友告诉了她一件自己与父亲之间的故事——

有一天，爸爸要他拿桶去提水。他对爸爸说：“好啦，我等一会儿就去做！”结果，他先到楼上拿玩具，忘记了提水的事。过了一会儿，父亲看到桶里还是空空的，就很生气，责备他说："我要你做的事，你都不好好去做。"

儿子抬起头来就和爸爸说："你都没有看大爱台。"

父亲说："怎么啦?"

儿子说："大爱台的节目里，师姑说小孩子做十件事情，只要做对一件，就要赞扬他；其他做错的事，就要原谅他。因为赞扬才会听进去，责骂的话是听不进去的。师公也常说，'不要拿别人的错误来惩罚自己'。"

有其子必有其父（倒过来了）。父亲从谏如流，一听就说："你说得也有道理，那我们俩一起改好不好?"

儿子说："好啊！我们一起来改正。"

这就是大爱台给我们的智慧，也是佛陀给我们的智慧！

《圣经》里有一句名言："愚蠢的人怒于色，聪明的人心平气和。"

假如是通常的人家，那位父亲也许把儿子拉到一边掌嘴了！并且边掌边说："我叫你顶嘴，不好好听话，不干活，还嘴硬！什么混蛋电视台教你的这些歪理!"

可见，佛陀给我们的智慧是何等的重要！

"智慧的价值远远胜过珊瑚、水晶；有智慧远超过得到红宝石。最好的黄金也不能跟她较量，最纯正的金子也无法与她相比。"这也是《圣经》上的话。

父子同爱，那是家庭之爱。

慈济人讲的是“同类之爱”，只要是人，就要平等，就有获得爱和被爱的权利。

证严法师在开示中说了一个“把爱送到了美国国土上”的故事——

这是美国慈济义诊中心的一个特色专案。他们在义诊中心里设立了一个浴室，还备有干净的衣服。因为那时义诊的对象都是些无业游民。他们大部分都没有身份证，无法就医，或者生活贫困流浪街头。

前来义诊的街头游民，也许好多天没有洗澡了，衣服也很破烂。就诊前，他们先洗澡、换衣服。后来，慈济人把这个义诊点拓展到了其他地方。比如美国与墨西哥交界的地方，那里住着许多难民，生活困苦，医疗不便。慈济人就到那里开展义诊，开办学校。

到了二零零零年七月，美国加州的义诊巡回车又加入了慈济的义诊行列，成了一个流动的医院。

墨西哥有大沙漠，气候炎热，谋生不易。美、墨边界住着许多难民。一位老人看见医疗巡回车后激动不已，说他从来没有看见过这么好的医疗设备，也没有受到过这么好的医疗服务，医生、护士个个像亲人一样。

证严法师说：“虽然这些病患和慈济人毫无关系，但慈济人与这些医师、护士都那样有爱心，能用行动去关爱病患。这样的医疗中心和巡回医疗队伍，不仅能发挥很大的救人功效，还能启发爱心，成为济世（也治世）的最好途径。”

在马来西亚也是一样。有位年轻人非常用功，但家境贫寒，离城市又远。他每天从深山走到学校，都要经过一段艰难遥远的路程。

他家的兄弟姐妹很多，还有一个重度智障的弟弟需要照顾。他每天帮妈妈做完家务、照顾好弟弟之后才能上学。他学业出众，也有志向上大学。马六甲的慈济人知道后，决定帮助这位年轻人完成学业，了却他的心愿。

他们跟随这位青年到深山里去，想知道他每天回家的路到底有多远，有多崎岖，还想亲眼看看这个家到底是怎样的家徒四壁。

结果，他们一路跌倒了好几次，而那青年却健步如飞……

证严法师在很多场合都说过，慈济的四大志业，是对我们社会的“对症下药”。慈善，是为饥饿苍生，捐来的米粮、衣服，解脱了他们饥寒的苦难；慈济的医疗，是解人的病困与痛苦的；教育与文化，则是医治人们的心灵的，让人们伴着慧根成长，有爱、有宽恕、有感恩、有心灵净土！

人与人斗，是这个社会的丑恶。

这丑恶的出现，皆因人性的贪婪与猜疑。所以，许多家庭失和，许多人群对垒，乃至战争！

如果人再不检点自己，就会与动物对垒、与大自然对垒，捕杀、猎吃所有的动物。最后，动物若想报复人类的话，那就是莫明其妙的细菌、病毒，传染人类，使人类不战而毙。

这可不是天方夜谭。

人啊！伸展你的爱心，收敛你的贪婪与张狂。

如果是这样，你就会像慈济人那样了。

这最后一句话，可不是证严法师说的。慈济人都是谦逊平和的人群。这只是笔者的有感而发。

礼仪与人生

礼仪是文明的表现。古人说：见人先见礼仪，见心先见谈吐。

中国是文明古国，是礼仪之邦。以礼为基础形成的中国传统文化是中华文明的延续。礼仪，是人们在社会交往中的行为规范，是人类不断走向文明、走向进步的结果。一个国家、一个民族、一个地区，礼仪水平的高低，是其政治、经济、文化是否发达的重要标志。一个团体或者个人，礼仪修养如何，是其道德水平综合素质的真实反映。

如果把礼仪分成若干层次的话，那么首先是道德礼仪、心态礼仪，然后才是仪表礼仪、交际礼仪等等。

证严法师在二零零二年十二月四日和二十八日的开示中，就谈到了慈济人的礼仪。

证严法师从两则小故事里谈起礼仪与人生。

一则是小朋友的故事。

有一天，证严法师去慈济幼稚园，有位小朋友看到她，便立即双手合十说："师公上人!"后面的小朋友抬起头看见了，也都自动合十道："师公上人，阿弥陀佛。"

上人说，她很少到幼稚园，这不可能是老师的刻意安排，而是孩子们的自然表现，所以她很高兴。上人认为，教育应该落实到孩子幼小的心灵中，礼仪应该同孩子一起成长。

另一则还是小朋友的故事。

慈济人在大陆资助了一所中学——河南固始中学。上人看了中学启用仪式时的录像，看到学生穿着整齐，神情愉悦，她十分开心。

证严法师说，人的心态是看不见的，但形态却能显露出内心的修养与生活礼仪。她认为，穿着也是礼仪之一，就如我们若有重要的会见，就会穿得整整齐齐以示尊重对方一样。

让证严法师感到欣慰的是，慈济人都以平等心、尊重心去看待每一个人。慈济人不论是前往孤寡老人的家里做居家关怀，还是过年过节慰问送礼，都穿着整齐。接见贵宾，那就更不用说了。慈济人从内心散发出来的是祥和、谦让、礼貌，让人感到平等与温暖。

证严法师说，无论行住坐卧，都应有规矩礼仪。无论走到哪里，慈济人都是身体力行，显示出端庄与务实的。

掌故大师郑逸梅一生讲究礼仪。他是自己给自己讲礼仪的，他对人的礼仪由心发起，是心仪。半夜里，他给别人打电话，脱了衣服，还要再把衣服穿起来，要整整齐齐的才去打电话。别人说，人家又看不见，你何苦呢？不是多此一举吗？他说，人家看不见，我看得见啊！要尊重别人，衣衫不整怎么给别人打电话呢?

在别人面前彬彬有礼，许多人做得到。但像这位大师那样，在别人看不到的情况下还那样彬彬有礼，就有许多人做不到了。这需要高尚的情操，需要尊爱别人，同时尊爱自己。

怎样才能做到有礼有节？这可能是这本书的读者都会关心的问题。

礼节、礼仪的周全与周到，当然与人的学识、修养、德行，甚至生活环境等等因素有关。但一个人要做到一生都能讲究礼仪，最重要的还是“友爱”。

爱心，使一个人高尚，使一个人可爱，使一个人可敬。

爱是坚忍的、仁慈的，有爱就不嫉妒，不自夸，不骄傲，不做鲁莽的事，不自私，不轻易发怒，不记别人的过错，不喜欢不义，只喜欢真理。爱能包容一切，对一切有信心，对一切有盼望，对一切能忍受。

证严法师说，一个人的爱心，看起来是给别人，其实是给自己的。

她说：“一般人都认为爱心是给别人的，其实爱心是给自己的。为什么爱心是给自己的呢？因为爱心就是爱自己的心，我们要好好照顾自己的心，时时注意自己的心是否保持着清静的善念?”

她还说：“凡夫的心难以安定，有时偏向恶，有时偏向善，有时不善不恶，任凭别人来引诱，这就是没有照顾好自己的心。任何坏现象也都能表现出来。”

证严法师有一句名言：“贪会很苦。”

有一位慈济会员说了一个亲历的故事，印证了证严法师的这一句名言。

这位会员说她有一位朋友前不久去世了。这个人在台北被很多人认识，有个绰号叫“股票市场的鬼见愁”。他一辈子没有结婚，生活节俭，对别人也是一样。他甚至认为太太、子女都是一种负担，不符合他的节俭原则，所以一生不结婚。可见他节俭的程度已经是一种苦节了。而在《易经》中讲到：“苦节，不可贞。”不可贞，也就是说不可占卜，无话可说。再进一层，也许就是“你这是自作自受”的意思。

这位“鬼见愁”的股票大王，才五十多岁就去大鬼阎王那里报到了。生前，他曾为一点财产与兄弟姐妹打官司，病了舍不得花钱到大医院去看病，只是到小诊所拿药吃。最后，他连外衣都来不及穿，只穿了一套内衣裤，就与世长辞了。

他身后留下了一百多亿的财产，除了政府扣了六十几个亿的遗产税之后，剩下的都归到他兄妹的名下。于是兄妹为这几十个亿又打起官司来，长年累月，诉讼不断。

上人说，这个人有这么多钱，却不懂得爱人、爱己、爱社会，没有福业，没有称赞，也没有感恩。

人，如果没有爱心，有再多都等于零。

这个人生前，不说礼仪周到，连起码的为人处世的常识都不知道。何来善，何来终？

心美，行为才美；行为美，礼仪才到。

在古代，相法与中医如出一辙。心有病，反映到脸上来；心有事，也可以反映到脸上来。看脸就可以看到心。所以，相面说事，古已有之。比如说，相法上说的“目斜必奸”，说的就是一个人如果为人正派，不做亏心事，他肯定面容安详，目光正直。假如，他昨天晚上去偷了人家的东西，第二天起来，他的目光肯定东扫西瞄，因为心虚，老怕人家发现，心神不宁。

所以，诗人说眼睛是心灵的窗户，脸面是人生的记事簿。

人要有爱心。爱心是根，礼仪是枝叶。

只有深深地爱己、爱人、爱社会，礼仪的枝叶才会茂盛，我们才会仪容万千！

无常观与忧患意识

证严法师说得最多的恐怕就是“人生无常”以及“身体难得”了。

这两者互为因果。因为人生无常，所以生命难得。

每一个人，来到世上，都应理所当然地珍爱生命——

珍爱自己，珍爱他人，更要珍爱我们赖以生存的这个世界。

有记者问：“您相信有‘世界末日’吗?”

证严法师说：“其实，每一天都有可能。佛教说‘人生无常’，就是说每个人都要有无常的危机意识，才能计划积极的人生。不要想着还有明天、后天，甚至还有明年、后年，这是宗教里积极的人生观。整个世界要更丰富、更进步，关键是在人心；要毁灭世界，让世界变成末日，也是在人心。所以不能说相不相信，我们一定要有无常观，才能过得更积极。”

我们常常听到大人呵斥小孩子说“你不知死呀”!

那肯定是小孩做了不知天高地厚的事，乱来，闯祸了。

“不知死”的人，是无所畏惧的，也会是胆大包天、胡作非为的。

从这个意义上说，知道生命无常，知道恐惧，那么我们会在有限的人生当中做得更好一些。

生命无常的例子，可以信手拈来。

证严法师在二零零二年三月的开示中，两次提到的阿里山小火车意外翻车的事故，就是一例。

证严法师说，出门行脚的第一天，在火车上就接到了阿里山登山小火车翻车的消息，心情非常沉重也非常悲痛！她想到不知有多少家庭因此而破碎。原本他们是高高兴兴地为登山赏花才去搭乘小火车的，谁知刹车不灵，造成了十七人往生，一百多人受伤的悲剧发生。

也是在证严法师的行脚日程中，刚一出门，就被告知新疆发生大地震。二百六十八人往生，四千多人受伤，三万六千五百六十多间房屋倒塌，还造成了七万七千多间危房，并有一百零三所学校、十六间卫生院遭到严重的破坏，死亡的牲畜不计其数……

原本都是兴高采烈的一群人，瞬间就变成了血泪一团，这不是生命无常又是什么？

原本都是歌舞升平的家园，瞬间就变成了瓦砾一片，这不是生命无常又是什么？

接下来，当然是慈济人抓住当前救人的有利时机，开赴抢险救灾第一线的事迹。

当时，证严法师就问过嘉义慈诚队副大队长，投入抢险的人手够不够。副大队长告诉她：“您请安心，我们已和台南的师兄们通过电话，大家已经前来支援了，同时也有两部车要前往阿里山协助救难事宜。一切都安排妥当。”

慈济医院的同仁们，也全线动员，投入到抢救伤员的战斗中。

远在新疆的地震救灾工作，也在国家和政府的领导下，迅速有效地开展了。解放军迅速到达受灾现场，大批的救灾物资如帐篷、米面、衣服、被褥等等，也在最短的时间内运到了。灾民的困难，得到及时的解决。

这是天灾。人类不可能幸免，只好面对。

但证严法师说到战争给人民带来的伤害时，就显得无可奈何了。

她说，无情的战火会带给人类多少痛苦与灾难？实在是无法估量的。

在说到伊拉克战争的时候，她说：“最近几天的新闻报道，不仅使在美国的人很紧张，也让全球都处于人心惶惶之中。邻近战场的约旦，也采取了紧急措施。”

慈济人对此早有准备。他们在战事未开之前，就准备了救济的粮食、物品。他们预计，战争一打起来，势必有许多难民涌进约旦。他们准备了援助的帐篷、毛毯、医药以及食品，以救难民之急。有两位慈济荣董采购了一万五千条毛毯，准备送到难民的手中，让难民那被战争蹂躏的破碎的心，知道这份温暖来自慈济人。

造成人生无常的原因，固然有不可逆转的自然因素。

但许多的事故与痛苦，也出自人类自身。诸如，贪婪、猜疑、嫉妒与战争等等。

远古年代，人作为自然界的组成群体，是弱势力。那时，人与人之间，相互取暖、相互依存而活。深山老林，沟壑纵横，人与人难得见上一面，所以，“有朋自远方来，不亦乐乎”？

而随着社会的进步，生产力的发展，人的私欲逐渐膨胀。于是，就有了钩心斗角，有了尔虞我诈，有了争斗，甚至战争。

如果哪一天，世界末日真正来到了，那也是人类自己请来的，是宇宙洪荒对人类的报复。

多行不义必自毙！

人心不古，万恶必出。

所以，证严法师说过，她的理念就是将佛法复古。但许多佛教的学者并不同意她的说法。在证严法师看来，佛陀也是人，是一位圣人，但并不是神。佛心，就是平常人之心。

人的本性是善良的，只是容易被后天的观念、社会背景等意识形态所淹没。

证严法师说："我们要帮助人们恢复与生俱来的、简单善良的本性。因此，我一直努力去除烦恼，了解自己，并经常问自己，我应该做一些什么？"

一个人，如果能去掉烦恼，能了解自己，之后又能做些什么，并且坚持做下去，这不就是成功的秘诀吗？

启发自己的心智，发挥善良的潜能，心念时刻向善，就能造就正直的自我。有了这么一个自我，就能建立一个幸福的家庭，有了良好的家庭组织，就会形成祥和安定的社会。

当年，孔子也是这样认为的。人家对他说：你学识这么渊博，为什么不去从政呢？他说：我为什么一定要去从政呢？我普及礼数，让平民知道君君臣臣，父父子子，家庭和谐，社会稳固，不比去从政更好吗？

要有好的社会，首先就要有好的个人。

这是证严法师毕生追求的佛旨的真谛。

她的礼佛之路，就是"启发人心良知"之路，慈济的目标是"济贫教富"。

佛教史上，高僧大德中，不乏翻译家、思想家、旅行家，但对于芸芸众生来说，似乎更需要的是教育家，慈善家！

既然人生无常，我们就要有忧患意识。

证严法师说："人生无常。既然无法预测生命的长度，就要努力去拓展生命的宽度与厚度。选择重于泰山，选择正确，就能更好地发挥潜能，贡献力量。"

出世与入世

证严法师说："佛教的教义出世却更入世。出世的理念，可以让自己得到自我解脱，没有挂念；入世的作为，则是可以牺牲自己，为大地众生付出，这就是佛教的更入世。"

出世，就是超越自我。

证严法师向一位记者说过自己的故事。当时，正当年轻的证严法师处在人生的十字路口，父亲往生，人生无常，而自己又知道了佛理的魅力，想献身佛门又不能，离家进入静修院又被母亲找了回来。她很困惑、很疑虑，感到人生的万般无奈与不自由。她跑去慈云寺问主持："您认为什么样的女人最幸福？"

主持说："一个女人，若能提得稳菜篮子，那她就是最幸福的女人。"

证严法师当时还不太明白，问主持是什么理由。主持叫她回去想，想通了再来问他。

就这样，生活又复归不静。证严法师又回复到日常生活之中。有一天，她去买菜会钱时，一不小心将皮夹子里的钱撒了满地。

钱撒地的刹那，正是启发了证严法师智慧的时刻。她赶快捡好地上的钱，接着就往寺里跑。一进门便对主持法师说："我想通了，今天我可以回答您的问题了。您的意思是不是说一个女人能够拥有理家、掌财的权力，就是最幸福的女人？"

主持说她答对了。

可是，证严法师对主持说："一个女人把能抓住一家的权力当做幸福，这未免太小看自己了。女人为了孩子、为了先生、为了家庭，就算是付出了最多，也只限于家庭这么一点点的范围。这样的人生不是很悲哀吗？女人也有女中丈夫呀！为什么女人要永远被家庭的阴影罩住呢？她也可以抬头挺胸，付出一份力量给社会大众的。"

主持说："那就要看你自己啰！"

于是，就有了证严法师的第二次离家。

于是，才有了今天的证严法师、上人，才有了今天的慈济事业。

出了世，又如何入世呢？

证严法师从出家的那一天开始，她就有一个宏愿，那就是"有朝一日我出家了，应把佛教人间化、生活化"！

从那以后，证严法师在台湾花莲地藏院的小木屋里，开始了艰苦的修道生活。读经、种地、吃野菜，布施与关怀，一日不做，一日不食。一九六六年，她创办佛教克难慈济功德会，之后慈济在证严法师数十年如一日的精心呵护下发展壮大，有医院、有学校、有电视台，关键是有爱心与布施。四大志业蒸蒸日上，做到了无论世界上哪个角落有灾难，慈济人都会首先出现在那里的常态。她的慈济机构，成了人间温暖、解困的及时雨，溺水者的救生圈和病难者的大救星。

做到这些当然不容易！

有记者问证严法师，像你在刚开始修行时，生活得很艰苦，要找野菜吃，而从小的家庭生活环境很优越。你在那么艰苦的生活中，有没有想过要放弃？

证严法师答道，没有想过放弃。“甘愿做，欢喜受”。家庭生活虽然很富足，但是，既然自己甘愿放下了，那么再苦都不会觉得是苦事。所以，我常说要“恒持刹那”。

如果人生有成功一说的话，证严法师的“恒持刹那”，就是成功的秘诀。

记者问她：“从一开始你的苦行，到有慈济功德会，你都坚持自己劳作，也不受供养，现在精舍有九十多位师父，生活靠什么维持呢？”

证严法师回答记者说：“从开始到现在都是不变的生活。三点多起床，开始打坐、礼佛，然后就要说话了。天未亮就开始说‘晨语’，一天从早到晚，工作都很紧凑。”

这就是入世。恒持刹那，一颗爱心、平常心，平凡人生而又心包太虚、气度恢弘——普天之下，没有我不爱的人；普天之下，没有我不信任的人；普天之下，没有我不原谅的人。

当然，所有的慈济人，都像证严法师那样，出了世又入了世。

证严法师在《人间菩提》桐月辑里说到的陈居士的事迹，就是一例。

家住台中的陈居士是一位慈诚救助队的成员，在台中港区加油站工作。一天，他给一艘游艇加油时，听到有人喊："有人跳水自杀啦!"陈居士闻声赶到，看见一个人在水里半浮半沉的。他赶紧把救生圈扔了下去。但一个想自杀的人怎么会去拉那个救生圈呢！陈居士见状，毫不犹豫地从二层楼高的海堤上跳了下去，将她救到游艇上，并立即组织施救。

此时，救护车也赶到了，将这位觅短见的少妇送到荣总医院。

如果是一般性的救人，到这一步也就停止了。即使只做到这一步，也算是菩萨了，因为救人一命，胜造七级浮屠。

但当天傍晚，陈居士就同太太一起到医院看望这位少妇。他们看见少妇的妈妈正在照顾她，老妈妈是教联会退休的一名老师。妈妈说，女儿一直都是自己的掌上明珠，大学毕业后结婚才一年，因夫妻感情不好，就离了婚。也许因为感情上的事想不开，就做出了这样的傻事。

陈居士夫妻知道后，就想办法开导她，但她不理睬。他们一连去了三天，才打动了这位少妇，通过聊天，使她慢慢地转变了过来。

陈居士说，救人的感觉特别好，也特别踏实。因为加入了慈诚队，才有机会接受训练，看到有人遇难，就派上了用场。对此，他也很感恩。

加入慈诚队，又努力普度众生，这就是出世与入世。

《人间菩提》用两句诗赞扬了陈居士的善举——

奋勇救人善引道，重建心灵迎新生。

自己管好自己

大千世界，万人万事，如何分际，如何治理？

其实，在我们这个世界里，谁也管不了谁。君不见人肉炸弹屡屡爆炸？你有卫星有高科技有先进武器，我什么也没有但我是拼命三郎我连命都不要，你奈我何？

一个人假如连命都不要了，你如何去管理他？

所以，证严法师说："谁都管不了谁，最好的便是自己管好自己。"

如今，世界的特点是天灾不断，人祸增多。

证严法师告诉我们，她总感觉还有许多未竟之事。

在《人间菩提》桐月辑里，证严法师一再呼吁：如何才能让普天下的苍生平安，天下无灾，社会祥和？最重要的，就是净化人心。

天下本无事，恶人自相扰。如果人人都能和气相处，彼此相爱，那么怎么会有暴力相向呢？但人总是沉迷于愚疑和无明，因此，冲突不断，甚至发生战争。

天下不太平，主要是我们赖以生存的凡界，存在着大三灾和小三灾。

大三灾是自然界的灾难：火、水、风。

小三灾是人类自身的灾难：战争、瘟疫和饥馑。

如何减少或者减缓这些灾难的发生呢？证严法师期望我们“一人一善，爱洒人间”。

证严法师在《生命的至情》第二集里说过，到目前为止，据科学所知：地球是太阳系中生物最丰富的星球。我们能生长在地球上，应该珍惜、感恩自己面对的万事万物。

证严法师给我们举了一个人畜互救的感人例子。

在美国世贸大楼的80多层楼里，有一个视障人在上班。他养了一只道盲犬，每天领他上下班。9·11事件之前，这只狗在这位视障人的办公桌底下，突然变得焦虑不安起来。主人觉得很奇怪，就给它松绑，让它离去。事件发生的当时，这位视障人明白他的爱犬为什么焦急了，他明白自己可能无法逃生，但希望他的那只狗能平安脱险。可是，正在这个时候，那只狗又跑回来了，围绕在他身边不肯离去。这位视障人了解自己爱犬的意思，就拴上它，让它引领着自己逃出去。

动物与人，感情还能那么深厚，它尚且懂得帮主人一把，共度患难。

反观人类自己，却常常为了一己私利，一己之名，互相争斗、互相伤害。范围小的是对个人、家庭；范围大的是对社会、国家。从一点点的恨意，慢慢扩散，观念一偏差，后果就不堪设想了。满门抄斩者有之，飞机大炮一起出动灭了一个国家者也有之。

证严法师对此悲怆不已，她谙示天下说："最近几年，天灾人祸不断，难道不就是从这一念心而起的吗？不只是人与人之间在互相争斗，人与土地之间也在争斗！土地被过度开垦，间接地破坏了自然生态。人心的欲念贪婪过度，加上贸易竞争，利益争夺，国家侵略等等，受灾的往往都是无辜众生。"

正如《梁皇宝忏》里说的："天子一怒，伏尸万里。"

要想人间美好，我们生活的世界是"友情世界"，我们就要"一人一善，爱洒人间，广播福田"。

世界要美好，首先人的心念要好。

人的心念要好，就要去掉人的三毒：贪、嗔、痴。

贪，是人生的一大害。

《史记·伯夷列传》的"贪夫徇财"的说法，指的就是无节制的爱好。贪恋，就是舍不得。舍不得也就是放不下。

贪一般有两个结局。一个是"贪小失大"，一个是"贪贿无艺"。

贪小失大是一个典故：昔日，蜀侯性贪，秦惠王闻之想讨伐他。但山涧峻险，兵路不通。秦惠王就派人琢石为牛，把金帛置于牛屁股的后面，并遣人把"石牛拉出来的不是粪而是金子"这一谣言传到蜀侯那里。蜀侯贪之，命人堑山填谷，以迎石牛。秦人率师随后而至。蜀侯的结局，当然是“以贪小而失大利”告终，亡身灭国，为天下人所笑。

贪贿无艺，也就是说，假如一个人一旦贪贿起来，就会没有止境。

贪，并非金缸，而是深渊。

深不见底，且黑咕隆咚！

世世代代，有多少人踩着那金灿灿的欲望，失身掉进去，再也转不了头。万丈深渊，白骨累累……

嗔，则是人性中的鸦片。害了你，你也许不知。

《庄子·盗跖》中有“案剑瞋目，声如乳虎”的典故。多么威风凛凛呀！但最后或许是孤家寡人，或许是死得不明不白。容易愤怒，容易争斗，容易反目为仇。中国六经之首的《周易》里有一卦叫“睽卦”，睽，即反目。反目，不可贞也。反目，前程就不好预测了。

而痴，其实就是无知、疯癫和入迷。

杜甫曾有诗曰：“有妹有妹在钟离，良人早殁诸孤痴。”

《红楼梦》中则有名句曰：“侬今葬花人笑痴。”这个“痴”与僧人俗人都很有缘分，成语“痴人说梦”就说到了僧俗两界。惠洪的《冷斋夜话》里说，僧伽在龙朔年间游江淮的时候，行迹奇特。有人问他：“你何姓？”答曰：“何姓。”又问：“何国人？”答曰：“何国人。”到了唐朝李邕作碑，他不解其意，乃书传：“大师姓何，何国人。”人家说，你这是“痴人说梦”，那意思是说，痴人说梦话而痴人信以为真。而现在的人往往把它解释为愚蠢的人说荒诞的话。

由此可见，人要成为人，成为善人、好人，首先就要去掉贪、嗔、痴这人生三毒。

证严法师在二零零三年三月二十一日的开示中说："在地球上，受战争、瘟疫、饥荒所苦的众生有很多，令我常有'来不及'的感觉。人心的善恶在拉锯，如最近从媒体上看到，因为美伊战争爆发，世界各地群起反战，人民都在为和平祈祷。"

慈济人三十多年如一日，致力于净化人心，培养善念。如果人人都有这份善念，那么世界就会拥有真正的和平了。

证严法师说："只要人人都去启发心中的那份爱，社会就能祥和了。"

只有爱，才能使我们这个世界充满希望与留恋。

泰国虽然富裕，但也有不少家庭陷入窘境。有一个家庭的男主人才五十多岁，在工作中由于不幸意外导致了半身不遂，由此家计全靠太太打杂工来支撑。然而，低廉的工资维持生活尚难，何况还要还债？太太因为负担太重，对生活失去了信心，三度自杀未遂。

在这种困境下，祸又偏偏不单行。一场大雨造成水灾，淹了他家的房子。几天之后，人家房里的水都退了，唯有他家的积水未退。

泰国的慈济人发现了这个家庭的困难，并伸出了援救之手。

慈济人给他家的男主人医病，给他家重修房子。修房子的时候，大家才知道因为债务关系，房子的宅基地早已经出让给别人了。为了这个家能有一个藏身之地，有处安稳的落脚点，慈济人通过种种努力，又把这块宅基地买了回来。

修房时，由于慈济人的行为感动了周围的人，于是有人主动捐献建筑材料，有人主动减免工钱。一个多月后，原本濒临绝望的家焕然一新！十四岁的小女儿从小在贫困中成长，知苦识难，用功念书，成绩优异。回到家中，还帮妈妈分担家务，帮爸爸洗澡。

是爱，挽救了一个家；是爱，使一个绝望的家庭获得了新生！

正所谓——

贫困家庭陷苦境，
爱心汇聚献真情；
陋屋整建焕然新，
慈济大爱安身心。

佛陀说：“生命在呼吸间。”

证严法师说：“既然这样，人无法管住自己的生命，更无法挡住死期，让自己永驻人间。既然生命去来这么无常，我们更应该好好地珍惜它、利用它、充实它，让这无常而又宝贵的生命，散发出真善美的光辉，映照出生命真正的价值。”

如何做到这些呢？

证严法师说：“合心，和气，互爱，协力。”

从个人修养来说，一个人首先要和气，和气了才有互爱，有了互爱才能合心与协力。

和气很重要。和气不伤身，和气能生财。

但和气，有时也很难做到。

佛经里有一个故事，说的就是一个人缺乏和气而自己浑然不知的事情。

许多人坐在屋中聊天。有一个人说起另一个人，说他品行极好，只是有两个缺点：一是爱发火，二是做事鲁莽。说这话时，被说的人正好从门外经过，听到了。此人火冒三丈，进屋抓住说他缺点的那个人，动手打起来。旁边的人问他为什么要打人。那人说，谁叫他乱说？我什么时候发过火？什么时候做事鲁莽了？这个人却说我爱发火，做事鲁莽，因此要打他。

旁边的人说：“你看你今天的模样，爱发火、做事鲁莽，不是都在眼前摆着的吗？干吗还怕人说？”

佛性与亲和力

佛教的普遍意义，被认为是“以苍生为念，以慈悲为怀”。

证严法师对佛性的说法更多的是“为众生”，“济贫教富”，“大爱”与“把握当下”。

证严法师说：“一人一善，爱洒人间。”

天主教说：哪里有爱，哪里就有天主。

其实，宗教都是大一家。爱与善是主体。

诚正，是第一佛性。如果有第一的话。

佛教认为，“贪”往往会与“恶”连在一起，而恶与罪就差那么一点点了！

佛经里面有一个故事——

从前有一位妇人，她有一个儿子了，还想再生一个儿子。她就问别的妇人：“谁有办法使我再生一个儿子?”一个老太婆对她说“我有办法能叫你生儿子，但你必须祭祀天神。”她兴高采烈，追问老太婆：“祭天神得用什么东西呀?”老太婆说："把你儿子杀死，用他的血祭天神，你就一定会再得到许多儿子。"这妇人听了老太婆的话后，就准备杀掉她的儿子。旁边一位有脑筋的人，骂她道："你怎么愚蠢到这等地步！没生的儿子能不能得到还不知道，却要杀掉已经生了的儿子。"

一个人如果没有诚正，再加上贪念的话，就会走上邪恶的道路。

证严法师说，"业"有两种，一是恶业，一是道业。人心若向正道，就会减少贪、嗔、痴的恶业；内心若不向正道，一步步趋向恶因，以致种种行为言语不断造业，就会形成善恶杂糅的人生。

证严法师还说，道业分两种。一是慧业，一是福业。若能福慧双具，就是最理想的道业。道一定要以德来完成，要具备美善之德行。

由此可见，佛性即德行。

贪念，是人生的烦恼。

证严法师说："所谓烦恼，并非以人的生活物质水平做标准，而是以心境状态来衡量的。人若不知足，就会永远处在烦恼中。"

有一个故事，就很说明这一点。

一个人在某一天，突然接到一封来自美国纽约的信。信是一个公证机构写来的，信中说：他有一位亲戚死了，有遗产让他继承。这遗产是纽约城的某街区中若干间带铺面的房子。希望他早日办好出国手续来继承这笔遗产，因为还有遗产交接手续需要办理。但当他度过漫长的时日将出国手续办好后，又收到公证机构的一封信，信中说，作为遗产的房子在一场大火中被烧毁了！叫他不要来美国了。这个人经不起打击，慢慢地神经也有毛病了，见人就说："我有一大笔财产，在美国。可惜，被一场大火烧了！"说完，就哭了。

有一个人听了这个人的哭诉之后，就问他："美国，你去没去过？"

这个人说："没有。"

"你说的那些所谓遗产的房子，你见没见过？"

这个人又说："没有。"

"那我问你，一个你从来没有到过的国度，有一处你从来没有看见过的房子被大火烧了，与你有什么关系呢？一点关系都没有啊！"

这个人想了想，觉得也对，说："是啊！你说得有道理。"

于是，这个人没有烦恼了。没有烦恼，神经的毛病自然就好了。

一个人，如果为人诚正，没有贪念，再加上有亲和力，又愿意付出，那么这个人离佛已经不远了！

证严法师说："平时，我们待人要亲切、和气。我们应该多学习，多培养亲和力。"

亲切、和气，这都是人的修养与德行。这方面的优秀品质，可以通过修炼和磨炼得来。但这只是亲和力的一部分，而不是全部。

一个人要想具有亲和力，首先他得是一个肯付出的人。

中国有一句古话：“如果要让别人怀念你，你必须给别人恩惠；如果要让后人纪念你，你必须留给他们遗产。”

这句话说得有些悲情，但的确是大实话！

证严法师给我们说了一个故事。这个故事说了两个人，一个是“贫中富”，一个是“富中贫”。贫中富天天唱歌，富中贫天天烦恼。

日本有一个小村庄，住着一个叫清吉的年轻人。他从小失去父母，但个性乐观、豁达，做事也勤奋。工作再辛苦，也有笑容；生活再艰苦，也有礼貌。村上的人都喜欢与他交往，烦恼时只要看到清吉谦逊的笑脸，心情就会开朗了。

清吉的邻居是一位富翁。富翁富有但不快乐。亲戚朋友来访，他躲得远远的；外出看到别人，也从不跟别人打招呼。他认为，同亲戚交好，亲戚有困难来借钱怎么办？与外人打得火热成了朋友，有朝一日朋友有困难你借不借给他？

富翁整天盘算着，提防着呢！所以他不快乐。非但不快乐，简直是天天烦恼。

烦恼今天收不收得到租金，收到了租金又烦恼没有安全的地方藏钱，钱藏起来之后又担心小偷光顾。白天精神紧张，晚上也睡不好觉。

他不理解邻居清吉为什么那么快乐。有一天，他实在忍不住了，便来到清吉的家门口，等清吉回到家后便说："清吉，来我家坐坐吧！"

清吉觉得奇怪，这位邻居从来没有这么好的笑容，还邀请他到家里去坐坐。

到了富翁家，富翁问："你每天那么快乐，还唱着歌，我真羡慕你。你一年究竟赚了多少钱？"

清吉说："一年赚多少？不知道，我没算过。"

"那你存了多少钱？"富翁又问道。

清吉说："虽然我每天都很努力地赚钱，但有时连吃饭的钱都不够，哪有钱存起来呀？"

富翁说："那这些钱就送给你吧。"

清吉惊讶地说道："我怎么好意思要你的钱呀！"

富翁说："就当我感谢你每天给我唱歌吧。你的钱刚够吃饭，如果存些钱，急需的时候就可以用了。"

富翁那么好心，不收也不礼貌呀。清吉就收下了。

富翁心想，你清吉往后再也没有歌声了。既然你已经有了钱，那不就同我一样，每天开始烦恼了吗？

没想到才近黄昏，清吉就又唱起歌来，而且歌声比平日还嘹亮。

富翁很生气，这小子得了这么多钱，居然一点都不烦恼，反而还唱得更快乐了！

富翁走过去问清吉："你今晚的歌声为何比平日更嘹亮

呢？”

清吉说：“谢谢你给了我那么多钱。不过，我觉得一个人有那么多钱放在家里不用，同没有钱没有什么区别。所以，我将你给的那些钱分给了比我更贫穷的人。他们很高兴，也很感激你。我为了表示对你的感谢，所以今晚唱歌唱得特别嘹亮！”

富翁听了清吉的话，在心里说，这家伙，我以为他得了这些钱，就会像我一样烦恼了。想不到他把钱分给了大家，大家还感谢他呢！

证严法师在故事结束时说：“清吉的家境虽然很贫苦，但他一有了钱就能将钱分给比自己更贫困的人，这就是‘贫中富’的人生。这种人生多快乐，多自在啊。那位富翁贪得无厌，为钱所苦。他除了钱什么也没有，这就是‘富中贫’。像富翁那样过日子，算是真正富有的人生吗？”

证严法师讲到亲和力，就说了清吉的故事。

由此可见，乐观，豁达，做事勤奋，又肯施予他人，这就是亲和力。

说好话与唱好歌

俗话说，好话一句暖三冬，恶语伤人三春寒。

可见，古时候的人就知道说好话的重要。现在，真正把说好话与发好愿、做好事联系在一起，呼吁人们去实践的，是证严法师。

慈济人王丽香师姐在实践法师“说好话”的工作中，有着感人的心得体会。

王丽香到安养中心去关怀老人，一位八十六岁的阿嬷牵着她的手一起走。王丽香对阿嬷说：“您这样边牵边搓着我的手，感觉好像我妈妈。”

一句话就把阿嬷说开心了！王丽香师姐首先在心里真的感觉很温馨，她有爱心，所以很容易联想到自己童年时与妈妈在一起的情景。她有了感觉，又能自觉地说出来。王丽香的“说好话”，是从心里流淌出来的，很真诚。所以，她的话感动了阿嬷。她不是为了说好话才说好话的。

说好话，出自内心的感动，或者出于内心的触动。

说好话，绝不是动动嘴皮子那么简单，更不是张嘴就来的。

有一次王丽香在急诊室当志工，看到一位阿嬷满脸忧愁。阿嬷的女儿很担心自己的母亲，女儿对王丽香说："师姐，我妈妈说她还好，是我们多心。其实不是这样的，可不可以请你去开导开导她。"

王丽香就走过去问老阿嬷感觉怎么样了。

阿嬷说："我头很晕，吐到不能吃东西。"

原来，她一连拔了三颗牙齿，那里的医师没有给药吃，结果细菌感染，导致发烧，泌尿系统也出了问题。急诊医师让她住院，而她认为是小问题，打打针就好了，不愿意住院。

王丽香与阿嬷相处，聊老人的过去。虽然说，好汉不提当年勇，但谁没有过辉煌的昨天？说起过去，老人高兴得忘了病痛。王丽香还说要唱歌给她听，老人更高兴了。其实那天王丽香感冒了，歌词又记不全，好多地方都哼过去了。

可是老阿嬷听了却说："师姐，你怎么这么棒，把我的心结都打开了。"

老人不但愿意住院了，还希望王丽香送她到病区去。

第二天，王丽香去探望阿嬷的时候，带了两颗糖。她对阿嬷说："这颗糖让你吃得咸咸，走到哪儿都不会被人嫌。"

隔了一会儿，她再给阿嬷另一颗糖，说："这颗糖，是甜甜的吃甜甜，让你好缘结得满唇边（闽南语）。"

老阿嬷高兴得不得了！她说："你们的师父怎么这么会

教？让你们这么会唱歌，又这么会说好话。我的朋友来看我时，我也让他们唱歌给我听，可是，他们大家都说不会唱，反而要我唱。如果你早点来，就可以唱给他们听了。”

王丽香立刻说：“好！下次遇到，我一定唱给他们听。”

证严法师看了这个故事后说，她其实也没有教过这位师姐咸和甜的说法，这位师姐却会说“吃咸咸，让人没得嫌；吃甜甜，好缘结得满唇边”，这都是好话，是好话就要多说，让人听了很开心。

许多人认为，说好话是为了让别人高兴，欢喜了别人却累了自己。

其实不然。

说好话，会利人利己，利集体利国家。在南非，有一个中国人在一家钻石商店打工，他负责向中国游客推销钻石。这个人非常会说好话，常让大家笑声不停，在笑声中他的生意也做成了。

他说，他在南非的一所大学教书。学校有科研课题，都是这家钻石公司赞助经费的。所以，平时他就来帮这家公司对中国游客促销。

他说，老板坐在这里，可他听不懂中国话。我说话的时候，你们多给点笑声，他就给我涨工资。因为你们一笑，老板就认为我说得好。

接着，他说了南非产钻石的历史，还说了这家公司在约翰内斯堡乃至整个南非的声誉，并教游客辨别钻石的好坏。

“老实说，钻石很难辨别，一般人看不出好坏的，是不是？所以，我建议你们，给老婆买呢，买好的；给情人买呢，买一般的。买一般的说是好的，她也不知道。”他说得大家哄堂大笑。

他说：“你们笑长一点，这样，老板会多涨我的工资。”

游客累了一天，在这儿听到有趣的话，当然开心了。

能让人开心的话，应该说就是好话。

游客笑完之后，就非常相信这位教授了，纷纷叫他帮着选钻石。

这样，生意做成了，对他有好处，对公司有好处，对南非也有好处，国家赚了好多外汇。

在南非，有许多南非人会使筷子。

证严法师在二零零三年四月十日的开示中说，数年前，她轻轻说过的一句话，便让南非的慈济人重重地实践起来了。

当时，证严法师告诉南非的慈济人说：“既然教育工作做得那么好，应该更进一步落实中华文化。所以，要教导当地人学习拿筷子，这在另一方面也可以建立良好的饮食卫生习惯。”

这就是好话。

证严法师能指导慈济人努力的方向，其及时性、准确性都在刹那之间。

南非的慈济人遵循师父的教导，从慈济援建的学校开始，教老师和学生练习使用筷子。他们还通过与南非人的交往，一起共餐教他们学习拿筷子。学校里还开展用筷子夹糖果和小气球的游戏。

现在，通过慈济人的努力，南非有一些人懂得用筷子进餐了，改变了过去不良的卫生习惯。

在慈济人援建的学校里，学生的演出都带有了东方的美德，“行孝要及时，百善孝为先”。

正所谓：“中华文化盈美善，南非习礼入民心。”

但我们知道，中华文化之所以能够盈美善，首先是慈济人“说好话，发好愿，做好事”的结果啊！

这“三好”之中，“说好话”是通往成功的桥梁。

舍得与得失

证严法师说："同样一个'得'字，有'舍得'，也有'得失'，两种心境完全不同。有智慧的人能舍，能'舍'就能'得'，得到无限快乐；不能'舍'的人就会有'失'，失去心境的安宁。"

舍得，即舍弃了某种东西，或者说付出了某种东西，然后得到了某种东西。

得失，乃是先考虑得到，或者说努力得到，但得到某种东西之后，又失去了某种东西。

东方哲学经典《易经》上说，有一得必有一失。

打个幽默的比方说，你找到了一位可心的爱人，那么你就失去了在众多美人中再挑选的机会和权利了。

所以说，有一得必有一失。

在中国的传统文化里，也有"意欲取之，必先予之"的智慧。

但这个智慧，与佛门中的“舍得”，还是差之十万八千里的。因为“意欲取之，必先予之”的“予”，目的性很明确，予就是为了取。

可是，佛门中的“舍”是“喜舍”。

这个“喜舍”，与中国的传统美德“施恩不图报”较为接近。舍，是没有自我的目的性。当然，万事万物中，都有一个因果关系。“舍”了，自然也有“得”。正如证严法师说的，“能舍就能得”。

假如按照佛教中的因果预知来说，你说“舍”是为了“得”，也未尝不可。

但这个“得”，更多的是精神上的，或者说是一种平衡感，所追求的是一种愉悦。

证严法师说：“付出劳力又服务得很欢喜，叫做‘喜舍’。”

这也就是证严法师常常说的：“甘愿做，欢喜受。”

舍，就是一种付出，一种服务，一种牺牲。这在佛教中是明确的，在慈济人中间也是明确的。

这种付出、服务和牺牲，不是做了就算“舍”，而是要做得“喜欢”和“心甘情愿”，才能算“舍”。

《志工笔记》第四辑里，黄思贤师兄说的那种“做”就是“舍”，因为他做得津津有味，做得满心欢喜。

他首先说，在台湾发生 SARS 的时候他回到台湾，人家就问他："这个时候，你怎么回来了？"

在一般人的想法当中，这个时候躲避都来不及呢，既然身在美国，迟一些回来也是理所当然的。但黄思贤师兄说，他太想念上人了，而且有许多情况都要禀报，因为他离开上人一个多月了。

他说他在美国的拉斯维加斯成立了一个慈济人"爱洒人间"的联络组。成立那天，有三四百位社会大德参加，也有美国的国会议员代表。他们把上人的爱以及慈济人为关爱社会、关爱人群所做的点点滴滴，用影像的方式播放给当地的民众观看，让他们了解慈济。成立大会的那天晚上，地方当局就同他们签订了土地出让的手续，"爱洒人间"联络站就拥有了三十多坪的土地，那是一个风光明媚、鸟语花香的地方。

志工们还开了联欢会，包括当地的慈济人如医师、药师、护士，有些还是从洛杉矶赶去的。他们演奏了非常优美的音乐，现场的人都很感动。

在这个演出队伍中，最能体现"甘愿做，欢喜受"的，就是家住洛杉矶的二十多位医会的慈济人。他们一早就从洛杉矶出发，带着从印尼采购回来的、很有风土味的竹制乐器，穿着白袍，将自己心中的爱与拉斯维加斯的民众一起分享。

美国人天天看到电视上美伊战争那恐怖的画面，现在看到慈济人那充满爱心的演出，都觉得新鲜，心里舒坦。

他们说："听说你们上人法力无边，可不可以请他帮忙？"

黄思贤师兄就告诉他们说："上人每天都教我们祈祷。"

美国人说："祈祷我们也会。但那有用吗？"

黄思贤师兄就把证严法师的佛学理念讲给他们听——

现在战争还在进行，每天死伤无数，最可怜的就是平民百姓。我们无法到战场去救死扶伤，只能先筹备战后的救援工作。除此之外，唯一能做的就是祈祷。

美国人怀疑，祈祷有用吗？

黄师兄就说："中国人祭祀祖先，就和你们对着十字架向耶稣祈祷一样，都不会听到回答。那为什么还要祷告呢？因为心诚则灵。把每一份善念集合起来，就成为千千万万的善念，等到因缘成熟，就会发挥效果。"

美国人听了，似乎渐渐明白了。他们懂得了善恶之间的较量，往往就像拔河。有时候，恶的力量占了上方，我们每一个人就要进行善念的祈祷，以此来增加善的力量，改变这种罪恶的现状。

这位黄师兄为什么对此工作乐此不疲呢？

有一次，他去福建昭明寺去拜访方丈，提到慈济的"人间佛法"，八十多岁的老和尚欢喜地说："这就是他师傅太虚大师的理念。"

老方丈让黄思贤一行在大雄宝殿上介绍慈济，并请来僧俗四大弟子——在家的、出家的、男众、女众站着听讲。还打着手语，唱着"阿弥陀佛"的曲子。

昭明寺的老方丈说，他第一次接触到这么活泼的佛教，而且又知道慈济在大陆帮助了这么多人，心里很欢喜。

黄师兄就是这样的“舍”。他付出了时间，付出了辛苦，但他得到了欢喜，得到了畅快，实现了弘扬慈济事业的心愿！这个得，是多少金钱都不能买来的。

他说：“在一座历史悠久的古刹内，大雄宝殿中供奉着释迦牟尼佛，两旁是大迦叶尊者及阿难尊者，我们就在那里介绍慈济，介绍上人证严法师，大家都很高兴，很快就融合在一起。”

黄师兄做了这么多，也就是说“舍”了这么多，但他有“得”。这个“得”真是千金难买。他理解了什么叫“专业”，什么是成功的“路径”，而这种理解依靠的是切身的体会，并非在书本上得来的。

他说：“没有什么事是做不到的，用心就是专业，只要有心做就不难。上人的大爱，佛教的慈悲，都可以传播到世界的每一个角落。”

证严法师说：“不能‘舍’的人就会有‘失’，失去心境的安宁。”

生活中的确是这样的。有一个人曾请教证严法师，说他家连续被偷了三次，问法师该怎么办？

上人非常有智慧，好像对他所提的问题答非所问。她和他说钱有五个去处，一是生活，二是生病，三是丢失，四是偷盗，五是布施。

言外之意是说，除了生活，你不布施，那就等着生病，或者丢失，或者被人偷盗吧。这是我们自己可以悟出来的道理。

如果你布施呢，得到的肯定是欢喜，是安宁；如果丢失了，或者被偷盗了，你心中肯定不得安宁。

正应了俗话说的：无吃中午狗又偷。

大富翁比尔·盖茨，病了一场住进医院，当他康复出院后，就把自己的大部分财产捐给了慈善机构。一场大病，使他知道了原来不知道的事情。原来，世界上还有那么多人需要关爱与照顾。他还知道了原来自己的财富可以为社会做出更有意义的贡献。

对于比尔·盖茨来说，他舍去的是银行里一连串的阿拉伯数字，但对于需要帮助的人来说，那就是实实在在的恩惠。他在别人的感恩中，定会得到心中的欢喜。

证严法师说："聪明的人得失心重，有智慧的人则勇于舍得。"

你是聪明的人，还是富有智慧的人？

简约与惜福

说到简约，人们自然就想起中华民族几千年来的一句至理名言：家有良田千顷也只一日三餐，身居广厦万间只睡床板三尺。

其实，人最高的生活境界就是简约，而并非繁杂。

但人的优良品质，当然是越多越细致越具体越好！

生活的简约与惜福，就是人所要具备的最基本的优良品质之一。

但如何做到简约与惜福呢？

我们不妨来重温证严法师的一段开示——

证严法师在二零零三年四月二十一日的开示中，说了三个感人的故事。

大爱幼稚园有一位三岁的孩子，有一天妈妈和他一起开车出去，在路上遇到一位老爷爷骑摩托车，路窄人多，老爷爷又越骑越近。妈妈就猛按汽车喇叭，这孩子竟然说："妈妈，你这样按喇叭会吓着老爷爷的。"

证严法师是这样赞赏这位小朋友的："他以怜悯之心体贴路过的老爷爷，不让老爷爷受到惊吓，非常懂事。"

另一位小朋友则是与爷爷到公园散步，看到爷爷要买东西给自己，他就赶紧拉着爷爷的手说："爷爷，不要花钱。这些钱可以节省下来，给师公（证严法师）救人哦！"

孙子那么懂事，爷爷很高兴。

还有一个小孩子对妈妈说："妈妈，我长大以后要当师姑。"

妈妈有意考她，问道："为什么呢？"

"因为师姑很有爱心，都在做救人的工作，所以我将来要当师姑。我还要认真地学英文，这样就可以到国外去救人了。"

童言无戏言。那是纯真情感的自然流露。

上面的三则故事中，作为主人翁的小孩，都具备了真善美的品质。尤其是善念，表现得十分充分。

孩子的"善"从哪里来？从周边的环境中来。

如果周围没有尊老的教育，孩子哪能懂得喇叭大声会吓着老爷爷呢？

如果周围没有慈济人在努力在奉献，孩子哪能懂得把钱节省下来交给师公去救人呢？

如果没有师姑的伟大爱心，没有慈济事业的良好影响和最佳的社会形象，哪会有孩子说长大以后要当师姑，还要到国外去救人呢？

有一位历史学家说过，榜样的力量是无穷的。

慈济人都深信我们每一个人都要修福，福慧双修。福，修得越多越大，将来的福报就越多越大。但现在还未等到将来，福报就显现了——

那就是下一代的茁壮成长！

这是一个福慧双修的连环扣：修福——福报——开导——修福……

首先我们大人要修福，用我们的言行去影响孩子；孩子在潜移默化中懂得事理，这就是福报；我们不失时机地开导孩子，培养慧根，这就叫开导；孩子们接过大人的接力棒又进行修福，这不就是一代传承一代了嘛！

证严法师告诉我们："教育是培养慧命的。让孩子从小培养良好的习惯，有礼仪爱心的观念，的确非常重要。以前的人说，'树要从小调整，人要从小调教'。这就是大环境的培养。"

什么叫福报？

证严法师说："看到孩子生长在幸福的环境中，有父母亲的疼惜、老师爱的教育，这就是他们的福报。有了福报，还要开导、引导他们修福。"

如何修福？

对于孩子来说，首先要有好的习惯和爱的观念。

证严法师说，“要培养孩子们良好的生活习惯，教导他们对人、事、物，都要懂得感恩。从小就要启发他们潜在的本能，否则，长大后就难以调教。礼仪、勤劳、体贴、怜悯心，都要在生活中养成。”

我们常常说：习惯成自然。

还有一句：环境形成人。

证严法师在开示中说到一位高雄老人。这位人称“鳗伯”的老人，过去靠捕鱼为生。他加入了慈济之后，在慈济大环境的影响下，改变了自己。

他经常到码头巡视，看到许多垃圾就地焚烧，就感到可惜。心里想，这些垃圾若分类捡回去卖了，就是一笔钱，就可以交给慈济基金会做一些好事了。

如果他没有加入慈济，他可能就没有这样的想法。垃圾烧就烧了，理所当然。

可是，慈济的环境使他知道了人应该爱周围的人，爱周围的环境，爱我们赖以生存的地球。

于是，他从一个罐子，一个塑胶袋子开始慢慢地捡，慢慢地积累。他一边捡还一边对自己说：“钱，就是这样来的。”

他的行为感动了女婿，女婿帮助他搭建回收站，让他把捡回来的物资安放得好好的，等待环保车来运载。

他还说：“如果大家不赶紧做回收工作，以后子孙就都会住在垃圾山上了。”

这就是环境形成了“鳗伯”这个人。而“鳗伯”这个人，又力所能及地改善了周边的环境。

地球的资源，不是取之不尽的，也不是可以随意挥霍的。我们爱惜它，它就会包容我们；我们不在意它，甚至伤害它，它有朝一日就会抛弃我们。

所以说，爱环境、爱地球，是我们最大的惜福。

孩子的成长，就需要这样的教育，这样的环境，这样好的回收机制。

在生活上，我们有什么理由不简约？我们有什么托词不惜福？

世界还那么贫穷，人间还有那么多悲悯之事。

花莲慈济院影像诊疗部的杨芷洁同仁在《对比非洲孩童，立愿常保慈悲心》的心得体会里，说到了她在非洲亲眼所见的一幅画面：一个饿孩与一只虎视眈眈的秃鹰。饿孩瘦得皮包骨头，一点力气也没有了，趴在地上。一只秃鹰虎视眈眈地等待着饿孩最后的死期。

她说，看到那一幕时，许多人都很伤心，很不忍。为什么同样是人，他们竟活得那么辛苦？反观我们的生活，我觉得自己真的很幸福。

所以，杨芷洁同仁当下就发愿：以后不论遇到什么困难，或是工作再累，患者最多，都要提醒自己应“知福、惜福”，最重要的是，要常常勉励自己，保持一颗会笑的心，对患者、对同事，也要多一份关心。

首先说，幸福是一种感觉，而不是绝对丰厚的物质。只要精神到位，生活得简约，也绝对是一种幸福。生活得简约，人的索取就不会多。

再者，人一旦有了慈悲之心，就会懂得知福、惜福的道理。

如果一个人不知福、不惜福，便全毁了自己一生的快乐！

证严法师说："凡夫的爱欲及渴望永无止境。追赶物质享受与声色逸乐，就有如汹涌的波涛，一波未平，一波又起！这就是人生痛苦的根源。"

知足常乐与贪而乱世

知足常乐，是生活的智慧。

如果知足了，又懂得惜福、施福，那他就是大智加大德了！

如果人不能知足，就必定会处境尴尬，甚至会祸及于身。

有一则民间笑话。一个人遭遇大雨，停在别人家的门口，向人家请求：是否可以让我进屋避避雨。躲雨人进屋时还规矩地站在门口边上，但过了一会，他觉得累，就说：是否可以给个凳子坐坐。得了凳子坐了，又觉得困，看见屋里的床空着，便又向主人说：是否可以让我在床上睡一觉。

这位主人当然不是慈济人，他觉得躲雨人太过分了，便借故要出门办事，把躲雨人哄走，之后铁将军把门扬长而去！

躲雨人又复归屋檐下。

这就是不知足不得乐的故事。

不知足，不得快乐往往还是小事。

如果贪，那就往往身家性命难保了。

庄子《异鹊的故事》对人们就是一个警示。

庄周到栗园游玩，走近篱笆，忽然看见一只怪异的鹊从南边飞来，翅膀有七尺宽，眼睛的直径有一寸长，停在栗树林中。庄子说："这是什么鸟呀？眼睛大而目光迟钝。"于是，提起衣裳，快步走过去，拿弹弓窥伺它的动静。这时有一只蝉，忘乎所以，现了自身。螳螂看见，伸出长臂捕之。异鹊看见螳螂后又捕之，而异鹊不知树下还有庄周的弹弓。

欲望无穷，而满足总是有限的。这样，就会导致悲惨的后果！

我们通常问，某人到哪里去了？别人答，到某地去"谋生"了。何为"谋生"，其实就是满足欲望去了！

证严法师说过一个"富得很烦恼"的故事。

上人说："有一天早上，有位知名人士专门来找我。他面临一件非常棘手的事情，一直问我要怎么办才好。原来他太有钱了，有一块价值百亿元的土地，除了这一块土地之外，他在许多地方还有很多块价值非凡的土地，甚至在美国也有。

某个公司想邀他合建，用刀子架在脖子上逼他签合同，他不得不签。由于这项工程耗资近百亿，双方都无法按原规划进行，结果发生纠纷，对方向法院提出告诉。甚至提出如果要和解，就必须先赔偿损失这样的要求。"

富翁对证严法师说，如何早一点认识慈济，就不会有这样的事发生了。

证严法师对他说："因为你太富有了，拥有得太多，所以才会有苦恼。如果你能把钱财回馈给社会，为社会做一些好事，无论是救贫还是医疗教育事业，凭你的拥有，都一定可以为社会做很多事情的。"

富翁也有同感。其实，这么多年来他虽然有钱，但过得也挺冤的。他说："我平常不敢穿漂亮的衣服，也不敢开好车，因为怕别人知道我有钱。"

上人回答他："那你有钱又有什么用呢？'有了'和'没有'一样。"

可见，如果人一旦有了钱，就有了一个该怎么样拥有的问题。

这位富翁老是问证严法师，他说："法师，我知道了。我现在要如何创造社会和人生的幸福呢？"

证严法师很有感慨，她说："其实早知今日又何必当初呢？这就是缺少为人群造福的诚恳，所以才有了占有的欲念。想要拥有得更多，才会生出这么多的烦恼啊！"

花出去的才是钱。放在家里或银行里，那些钱都只是一些阿拉伯数字而已。

钱，可以养家、可以糊口。没有钱万万不可。

但钱多了，那就是累、是祸！

"谋财害命"这个成语，说了多少年了，但醒悟的人依然不多。

凡夫俗子都说，虱子怕多，钱不怕多。

为了谋财就去害命的故事，古往今来，我们还听得少吗？

证严法师还给我们说了一个对待钱财的智慧的故事。

她说——

有一天晚上，屏东一对夫妇带着两个小孩来看她。先生英俊高大，妻子娇小玲珑，两个孩子大约五岁和七岁。

他们手上提着一个塑胶袋，袋中有一张很旧的报纸。夫妻两个人都说，这个袋子要亲自交给我。

夫妻俩毕恭毕敬地跪在地上，把旧报纸递给我。报纸是民国七十二年的，报纸包着一包东西。我打开来看，是七八个首饰盒。盒里装的是项链、手镯和戒指等一些宝贝。

我看他们穿着朴素，不像很有钱的人，就问他们："为什么把这么贵重的东西都交给我呢？"

先生回答："师父，我家没有地方放啊！我们家没有铁门也没有铁柜子，不知要把这些东西放在哪才好，干脆交给师父比较放心。"

我问太太："这些东西是不是你的嫁妆？"

太太说："是的。师父，我看到你很高兴，却又很紧张。"

太太说完话，又赶快叩头。

太太确实紧张，跪在丈夫的旁边，满头大汗又不敢用手去擦，只好把头靠到先生的肩背上去擦汗。

我问他们做什么工作。他们回答是"路边卖爆米花的"。

我说："哦，这是路边的董事长。自己做工，自己当老板。"

……

证严法师说："他们的物质虽然不富裕，但他们拥有诚恳的爱与纯真的感情。他们不但高高兴兴地卖力工作，而且把结婚纪念品全部奉献出来给慈济事业，每月还捐款数千元。我拿着这些东西，感觉比拿了几千万还要感恩，还要温暖。"

证严法师说的这一对夫妻，自始至终都很快乐。因为他们知足，他们简约。正如《周易》里说的一个故事："虽然这一户人家没有更多的钱，只是用河豚来祭祀神灵，但他比那些用三牲大畜来朝拜的有钱人，更能得到神的嘉许。因为没有钱的人家贡奉的河豚，已经是尽了最大的力与诚挚的心了。"

人如果贪婪，就会乱世。

这可不是胡言乱语。

且不说那些"官逼民反，民不得不反"的历史，更不说那些因为掠夺而发起的侵略，使多少大地生灵涂炭！就是一己的私念，也会引起大乱。

证严法师说，花莲瑞乡的红叶村，在一场台风中，整个村庄都被洪水砂石淹没了。田原家产荡然无存，直到现在，村庄依然无法复原。

一个村落，要经历几代人乃至十几代人的努力，才能逐步成型、成熟，人丁兴旺，花果飘香。但台风来袭，不到十几分钟，村落就会连影子都没有，一切随风而去，随砂石而没！

为什么？

证严法师说，我曾问过村长，他站在灾区现场，手指着对面的山告诉我说："法师，你看！就是那个地方，所有的树都被砍了，不但树被砍掉，连大石头也被挖掘了。"

村长还告诉法师，一些商人把大树砍掉改种槟榔树，雨一来，水土无法保持，仅仅一场大雨就无法收拾了，不仅造成重大的自然灾害，还毁掉了一个村庄。这就是人贪婪的后果。

证严法师还说，就在红叶村毁灭前的一个月，花莲的铜门村也被山崩掩埋了。在台风之中，短短几分钟之内，就山崩地裂，整座山都塌下来了，掩埋了数十条人命，村子也消失了。

这场灾难，也是由砍树、挖土、炸石引起的，也是"贪婪之祸"。

证严法师说："人都求'有'，什么叫'有'呢？有就是烦恼。"

证严法师还说："欲深无底，贪无止境。有求有得的心理，就会有失的痛苦。"

何不简简约约过生活，轻轻松松一辈子？

知足常乐，淡泊安稳。

危机与转机

中国有一句古话，很能说明危机与转机之间的关系。这句古话如是说：福兮祸所伏，祸兮福所倚。

后来的人，在危机与转机之间干脆勇敢地面对，说了一句惊天地、泣鬼神的话：置之死地而后生。

置之死地而后生的经典故事，就是“破釜沉舟”。《史记·项羽本纪》中说：“项羽乃悉引兵渡河，皆沉船、破釜甑、烧庐舍，持三日粮，以示士卒必死，无一还心。”

项羽命令士兵把煮饭的锅砸了，把营房烧了，把渡过河之后的船也沉了，一鼓作气冲进敌群，不给自己留任何后路。

置之死地而后生，说的就是既然危机出现了，与其回避不如勇敢地面对。

危机与转机，是邻居。它们只是一墙之隔，我们一不小心，就会走错门。

证严法师在二零零三年五月五日的开示中，给我们讲述了一个“化危机为转机”的慈济的故事。

众所周知，环境已经是人类生存的一大难题和热点问题。如何呵护大地，减少垃圾，如何维护生态，如何保持人类的身心健康，这些问题对于人类来说，已经岌岌可危了。

从佛学的角度看，人类生态与生存环境的恶化，皆因人类自身的“贪、嗔、痴”等毛病所致。先有人的毛病，才有环境的毛病。所以，证严法师说：“投入环保，可以改变环境又可以改变人生。从付出中体会到过去的颠倒无知，而今方知要珍惜福报，更要惜福惜缘，时时感恩。”

证严法师说的这位“化危机为转机”的志工是余居士。他过去吃喝玩乐，样样都来。后来，太太和妈妈接触慈济，一同回花莲了解慈济的四大志业后深受感动。余居士回去后，便也积极地投入到环保工作中，并在工作中改变了自己，将过去的一些不良习惯改正了。余居士的孩子们对父亲也深感佩服，也以行动来支持。于是，全家人都投入到了环保工作中，相继成了慈济委员。

证严法师讲了这个故事之后，她说：“我经常说‘法譬如水’。世间万物沾染污垢，都需要水的洗涤。凡夫的无明同样需要法的润泽。”

世间是水洗为净，人心是佛法润泽。

——这可是证严法师对我们的点化！

危机到转机，要有善念。

证严法师说：“一善破千灾。”

面对人间突如其来的SARS病毒，证严法师谈得最多的是“善”，以“善”破“灾”。

善，在非常时期，表现出来的是爱心，是智慧，是守法，甚至是牺牲。

证严法师举例说到了慈济中学师生们的隔离事件，夸他们在隔离期间，培养出来的对人敬、对己爱的高度负责行为和师生间的互敬、互爱精神，就是转化危机的善力。

证严法师说：“牺牲短暂的自由配合隔离，让整个社会得以平安，这不但是爱自己，同时也是爱他人。”

《志工笔记》第五辑里有许多篇章，都反映出这种“善念”。

花莲慈济院急诊室的吕佳莉护理师在分享志工体会时说，当SARS盛行时，许多医院都缺乏口罩，但慈济院在全体医护人员的努力下，不存在缺口罩的事情。

她说：“这段时间，我们也陆续收到了志工师姐送来的补品，以及海内外师兄师姐寄来的口罩、防护衣，我们非常感恩。”

在医院和慈济人的关心与支援下，她们的防护措施很到位，包括护目镜、口罩、防护衣、隔离衣、鞋套等，全副武装。虽然那个时候，医护人员已经牺牲了六位，但她们还是用平常心对待病人，好好地向病人解释病情，认真护理。

因SARS而牺牲的第一位护理长陈静秋的先生说：“如果有再次选择的机会，我还是会支持太太站在第一线。”

这就是社会的“善”，是祥和幸福的脊梁！

在面对人类困惑和灾难的时候，大林慈院有一句话说得恰如其分。

“我们都不能没有其中任何一个人。”这是一位慈济院的员工说的。

她们五个人一组在大门口给进院的人量体温，如果其中一个人上厕所，她们就觉得人手不够用，时间很紧张。

这句话，是一种在现场才会有的体会。但它也反映了全体人群善念与努力的重要性。

大林慈院总务室的赖雅洵说，在抗击 SARS 的战役中，他们后勤单位接到院方的指示，要在当天把一百件隔离衣送到和平医院，而当时已经是下午四点四十分了。

他们立即联系立荣航空公司。这批隔离衣必须搭乘五点五十分的飞机，才能在当天送到和平医院。如果按平时的规定，他们必须要在五点前到达机场，但当时已经是四点五十分了。只有十分钟，无论怎样也赶不到的。

但航空公司鉴于情况特殊，同意他们在五点半前抵达便可以办理。这个决定帮了他们的大忙。

他们立即投入到紧张的战斗中，叠衣服、捆装、赶路。

时值下班高峰，路况不好，他们是盯着表看着时间赶到的。

赶到机场，机场的主任也出来迎接了。他们赶快解释，这些隔离衣都是干净的。言下之意是要告诉主任，检疫就免了，以便争取时间。

可人家主任说："我们愿意免费帮忙运送。"

他们都感恩得流下了眼泪！

证严法师说："心田要多播善种，多一粒善的种子，就可以减少一棵杂草。土地不耕种，杂草必丛生。所以，行善要日日行、时时行、不断去行。哪怕只是举手投足，也要存一份善念。"

如果每个人都时时刻刻拥有善念，那么任何的危机中都可以有转机，都可以转危为安！

守望与相助

证严法师在二零零三年五月十日的开示中说到“生命共同体”。

她说：“我们是生命共同体，不应该只为图个人之便，而忽略社会安全，而造成疫情难以控制。”

这段开示，法师是针对台湾 SARS 感染隔离事件而说的。

地球上的生命，都是休戚与共的。一荣俱荣，一损俱损！这在近来的流行疾病和地区战争中充分体现出来了。人类对别的生命不尊重，贪婪杀戮，由此招致不明病毒 SARS 的流行。这种病毒一经出现，就席全球，让人类防不胜防。以致，千里惊慌，万里鹤唳！

战争也是如此。那边在厮杀，在扔炸弹，这边你以为不关你的事，可是战争污染了大气，破坏了地球，让人类遭受莫明其妙的天灾，生出莫明其妙的怪病！

可见，自己的事情并不是自己的事情，局部的事情并不是局部的事情，哪一件都是人类共同的事情。

这就需要我们共同的守望！

守望着我们的家园，守望着我们的行为，守望着我们的良心。

家园是否和平、宁静、安详？

行为是否诚信、大度、利他？

良心是否大爱、慈悲、怜悯？

证严法师说，台北市大理街被封街，共有一百一十八户居民必须接受隔离，令人震惊。

原因何在？该街的华昌国宅中，独居着一位长者疑似感染SARS而病逝，十天之后才被发现。为避免爆发大规模感染，当局断然采取措施，封街隔离！

一个人在家里逝世十天才被发现，深刻地说明了我们这个社会的漠不关心，各行其是，缺乏一种相互关爱的守望。

我们的家园由于缺乏理解与关心，由和平、宁静变得动乱、恐慌起来。

这是我们自己种出来的苦果，只能自己来分享。

分享的形式，是隔离。

而隔离，是一种身心付出。

所以证严法师说：“此刻谨慎小心、安全为上。唯有请居民们静下心来，接受政府的决策。”

事后，希望大家反思这件事情。

她说："倘若人人都能互相关怀，知道住家附近有独居老人，发挥'老吾老以及人之老'的精神，天下一家，敦亲睦邻，守望相助，我想这位长者也不至于往生十天后才被发现。"

说到相助，由于慈济人的努力，这已经成为慈济人的本分了！

习惯成自然。这是几十年来慈济人共同努力、传承的结果。

在这一波的 SARS 防治中，慈济人相助的例子就举不胜举。

当和平医院封院时，为了及时向里面的病员和医护人员提供物资、付出关怀，他们别出心裁在警戒线外搭建帐篷，设立服务处。慈济志工每天第一件事就是在那里祈祷，然后再开始关怀工作。

有一位老阿嬷在医院里被隔离了，正好又是她的生日。家属想给她过生日，但没法进去。慈济人安抚家属，说他们有办法给阿嬷庆祝生日。他们买来蛋糕、生日贺卡，并写上祝福的话，从警戒线外递过去。

松山医院外，慈济人每天供应素食给院内的素食者。在一个特定的环境中，又有这么真诚的心意，吃素的人一下子就增加到五百多人。

有一位支援松山医院的慈济人（王立信副院长），他说在医院里每餐都能吃到慈济人准备的便当，医院里还有来自大林、花莲慈济医院的医师，还有从慈济技术学院毕业在那里供职的护士。看到这么多慈济人，又能吃到慈济人送来的便当，他感觉既温馨又有家庭味。

花莲二信合作社的慈济人，全体员工一百九十多人，自动发起斋戒祈福一周，宣传环境清洁与环境卫生的重要。

这就是相助！

各尽所能，心往一处想，劲往一处使。

在这个时候，证严法师心系全世界人的安危，也更加关心慈济人的安全。

她说，在此之际，全球的慈济人都在斋戒、祈祷，而且发愿要提倡三好——口说好话、身行好事、心以好愿。他们不断地做“爱洒人间”的活动，化心意为具体行动。

她还说，中国人虽然极具饮食文化，端碗持筷，姿态优美，但是也有缺点。大家放入口中的筷子又去夹同一盘菜，就很容易传播病菌。

证严法师呼吁，有了优秀的饮食文化，也要有卫生的观念。她提倡“公筷母匙”，唯有这样，才能把病毒的传染防患于未然。她还要趁此机会，让大家把自身和餐桌上的卫生习惯用心地培养起来。

慈济人要自安安人。自己先安心，才能用爱去抚慰、安抚他人。

苦口婆心，也是相助。

——点明心之灯盏！

心明自然眼亮，不至于被眼前的一切所迷惑。

证严法师说："我们现在都是被心迷了性。我们出生在人间，培养出来的叫习气，我们由第六识来分辨外面的境界，一直将人性与众性分别，我执我见，而使人心脱离了佛性。其实，佛性是凡夫心，凡夫心即我们原来的佛性。"

那我们为什么会这样了呢？

证严法师给我们找到了根源。她说："现代人总是世智辩聪、满口论调，做起事来却又斤斤计较，多数人只懂理不懂事，他们知道的道理很多，但碰到人与事时却又无法调和，这就是现代人的凡夫心。"

心明眼亮，就会出手，给弱者搭以援手，就是相助。

锦上添花，是相赠；雪中送炭，才是真正的相助。

在逆境中援手相助，在逆境中保持一颗平常心，不慌乱、不怨声载道，唯有这样——

我们的家园，才和平、宁静、安详。

我们的行为，才诚信、大度、利他。

我们的良心，才大爱、慈悲、怜悯。

我们的人生，才至善、至美、至敬！

证严法师告诉我们："有逆境出现，应知道这正是磨炼自己的机会。宝玉是我们喜欢的，但是要经过琢磨才有价值。花莲的玉矿有很多，天天任人践踏，一点都不起眼。几年前，泰国的一位僧王来到花莲。他说，他好喜欢花莲的玉石。我马上请人找来一块很大的玉石，一半让他带回去雕成佛像，让人膜拜；另一半放置在精舍门口，任人践踏，将近二十年了。同样的石头，经过琢磨，与原石就有如此大的差别。逆境就如同磨玉的砥石，不磨不发光啊！"

敬天地与敬人灵

在苍茫的宇宙中，即便是最聪明的人类也不过是混混沌沌的一族。

我们是人，但我们又知道人类自身多少？

我们的家园是地球，但我们又了解地球多少？

我们行走的是地球，我们取之不尽的是地球，我们寻欢作乐的地方是地球，我们委屈流泪的地方是地球，我们吃喝拉撒的地方是地球，我们扔垃圾的地方也是地球……

但我们对它有过什么敬意没有？有过什么贡献没有？

我们如果没有把天地当回事，也许某一天，天地也不把我们当回事了！

——这不是自己吓唬自己的话。

证严法师在二零零三年五月二十日的开示中，说到了一个“护心敬天地”的问题。

她说，过去常听说“人定胜天”，是否真能如此？想想连微细到肉眼看不见的病毒，都会危及人类的生命，而令人惶惶不安。可见，这些病菌无不充斥和隐藏于虚空法界之中。

人定胜天，乃是人类狂妄无知的表现。

天生人，天养人，我们何须战胜天？

天乃人类之父，地乃人类之母。我们何须胜它？

还有“战天斗地”，则是人类为了自身的利益在瞎折腾的口号。

证严法师倡议人类与大自然和谐相处。

在人们说“抗疫”说得最多的时候，她提出，为何不说“防疫”？

她说：“‘抗议’、‘抗疫’发音相同，有时候真容易误会。而过去的‘抗议’扰乱了社会秩序，现在的‘抗疫’则让许多人心灵恐慌。”

她告诉人们，倘若人人都能以爱心尊重天地万物，时时谦卑礼让，就不会产生任何对立的局面。只要做好自我防护，我们就能平安度过这场疫情。

这就是智慧。宽容，平等，谦卑，礼让。自己做好自己的事。

世间的事，都是魔高一尺，道高一丈。

人比天高，或者说人欲与天公试比高，那都是痴心妄想。

那是人的“痴”和“疑”！

你想用农药除害虫，说不定哪天农药就成了害虫的可口可乐。

证严法师说："三十余年前，静思精舍外面的那片土地还是农田。有一天我外出，在田埂边看到一个爬满虫的农药罐。我问在一旁工作的农人：'农药不就是用来除虫的吗？为什么罐子里反而有那么多虫？'农人回答：'农药只在刚施用的时候有效，接着剂量越加越多，后来就没有用了。'"

这就是证严法师说的不要对抗，不要与我们赖以生存的唯一的地球对抗。我们不要轻视大自然，我们要心存尊重与谦卑。

宋人说过："法界甚宽，尽可容横逆之禽兽；吾心虽隘，自足征忍辱之菩提。"

横逆之禽兽应该容，辱没之事物应该忍。人有不及，可以情恕；非义相干，可以理遣。

如果一个人有了这样的情怀，那他既可以游于世，也可以使世游我。这是宋人林逋说过的话。

证严法师说过一句名言："爱你的朋友不算什么，爱你的仇人才是真爱。"

可见，唯有爱，而且是大爱，才是人间的真善美！

证严法师又说："爱心的先决条件是要有智慧——没有色彩、没有欲念、清清净净，真正的爱是'无缘大慈，同体大悲；人伤我痛，人苦我悲'。"

可是现在的人，不说有爱，就连忍让都少有，更多的是贪婪。

一句不忍，拔刀相向。

禽兽不逆，尽杀殆尽！

——皆为一张小小的口。

证严法师说："世间的海可以填平，但人的鼻下横——小小的一张嘴，却永远填不满。"

所以，上人告诫我们，人不可以贪，贪就会生出烦恼来。

她说："所谓的烦恼，并非以人的生活物质水平为标准，而是以心境状态来分别的。人若不知足，就会永远处在烦恼之中。"

什么叫"有"呢？有就是烦恼。

比如你拥有汽车，你就同时拥有了汽车带给你的烦恼：没钱加油啦；要修车又老是修不好啦；半路抛锚又前不搭村后不靠店啦；更有甚者，出了车祸断了腿啦……

你也许会说，你富有，你的车好，也没有那些乱七八糟的事。可是，因为你的车好，开得快，出了车祸，一命呜呼！结局比谁都惨。

没有不行。但有了，也不是什么好事情！

有一则"现身说法"登在报纸上。

有一个人说，同学工作生活在一个大都市，每月八千多人民币；他自己生活在一个偏远的小城市，一个月工资八百多人民币。但同学要举债生活，而他不举债。原因何在?

他说，同学住房花了两百多万；他的住房才两万多，是政府的“房改房”。同学开汽车，三十多万的小汽车，开十年之后，三十多万化为零，平时还要花油费修理费用等；他买了一辆三十多块钱的旧自行车，骑十年没问题，又锻炼身体。单这两项，他与同学之间的费用就相差几百万!

寡欲清净，少有无烦。

证严法师说，俗话说“人心不足蛇吞象”，一条蛇把一只大象吞咽下去得多辛苦啊!

有些事情，原本是自己的事情，但做得不好就是社会的事情了。

证严法师在“物质永远无法填补心灵的空虚”这一话题中举例说过，人类目前最大的问题除了滥砍、滥挖之外，便是垃圾问题。由于大家生活水平的提高，日常用品不断淘汰，很多半新不旧的东西都被扔掉了，因此垃圾越来越多。比如一套沙发，有的家庭为了追赶时髦，体现面子，就把原本还可以再用的沙发扔掉了。有些人要住得更好，就把房子换来换去，改来改去，敲敲打打之后又是一堆砖石瓦砾，不只花钱又增加垃圾，这就是社会的垃圾问题。

人一旦欠缺了爱，欠缺了悲天悯人之心，他的心灵就无法充实，内在的空虚就无法填补。

社会一旦欠缺了爱，欠缺了悲天悯人之心，社会就会失去安宁与祥和。

古人说：“为善如负重登山，志虽已确，而力犹恐不及；为恶如乘骏马走坡，虽不加鞭策，而足亦不能制。”

所以，证严法师倡导我们要尊重贤人。

证严法师说，人心贪婪，欲壑难填，主要是不会分辨善恶。

她说：“看看目前的社会，很多人不会分辨善恶，不会选择好的、善的去付出爱。常常看到很多人，在公共场所互相争斗，露出恶劣的态度，大声的吵闹，像这种不好的形态我们应该赶快制止摒弃。”

尊重人类，尊重人群，我们指的应该是贤人、大众、弱者，而不是恶人。

古人尚知，人要择善邻而居，鸟要择良木而栖。

尤其是现在，社会开放，言论自由，良莠难分。我们稍不留神，就会上当受骗。

所以，证严法师也说，要尊重贤人，社会才能祥和。她引用了一句古话“五百人当军，五百人当贼”，来说明我们在日常生活中要遵循孔夫子的教导“贤贤易色”。

什么叫“贤贤易色”呢？

证严法师是这样解释的，如果能把爱美色和爱物质的心换成爱贤人的心，那就正确了。

证严法师指出，遗憾的是有的人不会去爱贤人，也不会去保护好人，只会盲目地跟着那些大声喊叫的人。

跟着人大声叫，大声附和，像这种不择善恶的行为就叫滥爱。这种附和恶态的偏爱，容易扰乱社会秩序。

证严法师在那一天开示的最后呼吁道："环境是大家的，社会也是大家的，我们要好好爱惜它；要爱惜它就必须尊重好人和贤人，服从好人和贤人的领导，如此，我们的社会才能在祥和的气氛中发展。"

——这就是我们常说的敬人灵。

古人说过：闻善言则拜，有圣贤之象；见天地则敬，有祥瑞之气。

圆满人生

圆满，是一个美丽的词汇，是人类的渴望。

人，从小就被教育，做事要圆满！

比如说，我圆满地完成了任务。我保证圆满地完成任务。

这都是令人感动的说法，让人为之动容。

特别在炮火连天的战场，硝烟弥漫，被熏得灰头黑脸的士兵向首长敬礼，说出“我保证圆满完成任务，请首长放心！”这样响亮的话。那一刹那，真是让人感到气贯山河的英雄气概。

圆满，多少文人讴歌过！

自然界的“圆满”，谁不想得到啊？

但，人有悲欢离合，月有阴晴圆缺，此事古难全。

因此，才有了苏东坡的名词名句——

“明月几时有，把酒问青天。”

“但愿人长久，千里共婵娟。”

圆满，是人间的绝妙。

王维有一首诗，把圆满之月的夜晚写得千古明亮——

“明月松间照，清泉石上流。竹喧归浣女，莲动下渔舟。”

自然界的圆满，好是好，但不会时时有。

但人生的圆满，只要你修到家了，你就会时时拥有！

那什么是圆满的人生呢?

证严法师说：“就是对上有礼、对下有爱。对人如果无怨无恨，那么相信别人对我们也会心生敬爱。能够人我互相敬爱，就是圆满的人生。”

爱和敬爱，就是圆满。

证严法师说过：“爱，普爱天下的众生；爱，才是真正的幸福；爱，才能改造人生。”

圆满，首先我们做得满了，才能圆。

比如说，钱财，它没有满的时候，但人的愿望，它就有满的时候。

证严法师说，社会上的一些大企业家发扬了他们的爱心，而一些经营小生意的人，也同样发扬了至高的爱，令她感动得无以言喻。

开美容院的人对她说：“师父，我每天一开店门，服务的前五个客人的收入都捐给慈济。”

这是一个目标，每一天达到了就圆满了。

如果天天达到了，那整个人生就圆满了。

证严法师还说，台南市有一位妇产科医师，他将每天前五位患者的诊疗费，不管是大手术或者小症状，都同样算作建设基金。油漆行、水果行等小本生意的经营人家，许多人每天开门“见善”，都把第一笔交易当做是慈济的。甚至有许多上了年纪的老菩萨和年幼的小菩萨，也都尽力地参与助人行动。

彰化有位三岁的小孩，因为妈妈是慈济委员，小孩曾跟随妈妈到过花莲，听过上人说起医院的种种情况，回家后就告诉妈妈：“我也要赚钱帮忙盖医院。”于是，母女就协商好“不包尿片、不尿裤子、睡醒不哭”就有奖金。这奖金存到竹筒里，以后拿到慈济就可以盖医院。

等到上人去彰化演讲时，小孩就把钱送到了会场。很大很长的一个竹筒，是大人帮着抬进来的。

好事人人都会去做。但何谓做得圆满?

这个当然不好说。因时、因地、因事、因人而不同。但那些往生了的人还在为别人做好事，甚至救了别人的生命，这样的人生应该是很圆满的。

慈济人中有很多在往生以后，按照在世时签订的协议，被医院取走自己的器官，救了许多人的事例。他们中有捐骨髓的，有捐眼角膜的，有捐肝脏、肾脏的，有被当做医学解剖的。一息已经不存，但还在为别人造福。

这些人应该称为大德了！他们排除了多少世俗的顾虑和愚

味，才达到了这样的圆满。

有一位想捐赠器官的慈济人问证严法师，说人死后十二小时后才可移动，而要捐赠器官必须在两小时内做手术取出。所以这个人很害怕，不知怎么办才好。

证严法师说，如果你怕苦、怕痛，可以取消啊！人如果发一份菩萨心，菩萨心尚存一口气，就可让人来“节节肢解”，且能不生嗔恨，那么更何况一息不来呢？如能把器官捐赠给需要的人，移植在别人的身上，那么就如同延缓自我的生命，是何等不凡的价值啊！

有一对父母，他们五岁的小孩车祸身亡，他们将儿子的眼角膜捐出救人。而亲友都认为，当父母的好残忍，让孩子死不得全尸。

但证严法师却赞扬了这种行为。她说：眼角膜布施别人，延续你孩子的光明，即是生命的延续。你是为孩子做了大功德，成就了小菩萨啊。你们是天下最伟大的双亲。

人有悲欢离合，月有阴晴圆缺，此事古难全。

要做到圆满，唯有佛性，唯有菩萨心。

证严法师说：“人人都有佛性，只要能发挥良知良能，就没有一个人不能去救人、去造福人群。这份救人之心，就是菩萨心。”

有了这份菩萨心，就有了圆满。

谦和自爱

一幅画面：天未亮，许多虔诚的人井然有序地朝山。他们好像在菩萨道上步步精进，开始集合的时候，还是曦光一抹，到了精舍门口时，曙光大现，人间光明。那景观，烘托着众生迷茫的心，通过朝拜，集体散发出了智慧的光芒。

天地大亮！

人心大明！

这是证严法师在二零零三年四月二十五日的开示中，给我们描绘的朝拜情形。

触景生情。

证严法师回顾了慈济三十七年如一日的每个月的药师法会。大家无不以虔诚的心诵念《药师经》，以爱心祝福天下苍生皆得平安，人人能启发悲心。

人类一路走来，走了几千几万年了吧！

到如今，科技进步，世界昌明。但同时而来的是战争、瘟疫、恐怖、杀戮……世界并不太平，人类也并不祥和。究其原因，是人人都少了一份谦和，缺了一份自爱。科技的发展，资讯的日新月异，电视电讯铺天盖地，使得人类惯于用嘴，少于用心。我们乐于辩论，而少于面壁！

我们乐于吹嘘。

我们缺乏思过。

证严法师说："惊世的灾难，一定要有惊世的觉悟。"

她说，世界各地天灾人祸频传，尤其是美国的九·一一事件，令人惊恐不安。尤其是最近，我们不仅看尽战争无情的摧残，更令全球震惊的是SARS疫情的爆发。我们一定要有彻底的觉悟，最重要的就是谦卑、互爱与感恩。

但是，我们谦卑了吗？互爱了吗？感恩了吗？

台北有一个孤寡老人患了SARS疑似病例，死了一个星期后才被发现，以致后来整条街被封锁。黄牛过水角（各）顾角（各），结果谁也顾不了谁。

过去有一个笑话。有一位卖小杂货的生意人，愤慨别人与他争生意，他发毒誓，说要让天下的人都死完，好让他做生意。人家告诉他，天下的人都死完，你的生意卖给谁呀！他才大梦初醒。

SARS来临后，慈济人以不同于一般人的形式来表示防范病毒的决心，那就是集体祈祷。有人质疑这样做有用吗？

证严法师说；绝对有用！因为这是善念交织的声波在共振，大家互相祝福，这份心念必会感应至天界、诸佛与菩萨。

在古代，国家如果发生灾难，那么上至天子下至庶民，举国都要斋戒祈祷，以祈求天之保佑。北京的天坛，就是皇帝向天祈祷与斋戒的地方。

心诚，祈祷，感动天地神灵，其实是感动自己，让自己的行为高尚，让祈祷的人群更加团结，更加众志成城，劫难就会过去。

·

证严法师常常告诫我们："佛陀常常告诫弟子，即使已达到智慧圆融，也更应含蓄谦虚，像稻穗一样，米粒愈饱满垂得愈低。"

证严法师还说："真正的智慧人生，必定有诚意、谦虚的态度。有智慧才能分辨善恶邪正，能谦虚才能建立美好人生。"

美好的人生，安定的环境，靠诚意和谦逊缔结，陈明顺师姐所经历的事情就是一个鲜明的例子。

面临 SARS，谁的心情会好啊？这个时候，哪怕一点点的摩擦，都会出火星，甚至火苗！

陈明顺师姐在防治 SARS 期间，到医院当志工。她在大厅为人群服务，刚好电脑出故障，她要到挂号批价处帮忙。那里的人走来走去，有人说："这么多人，要等到什么时候？"

电脑改为人工，工作人员忙得头都没有抬起来，每个人都一个劲地写着。

这个时候，陈师姐考虑的是如何把人们的焦急与火气压下去。她端着茶送过去说："不好意思，让你们等这么久，这杯青草茶请你们喝。清凉又退火，不过茶水很烫，你们要慢慢喝，让你们喝得金银满大厅（闽南语）。"

大家都很高兴，但有一位中年人不接受。他说："你不必这么多礼，电脑赶快修好最重要。"

陈师姐不在意，她还是笑盈盈的，拿出饼干糖果送给大家。

她说："请你们吃糖果，让你们吃得甜甜，人缘结透天；请你们吃饼，让你们代代出好子（闽南语）。"

有一对阿公阿嬷很可爱，每一次都欣然接受。在这种欢愉的气氛中，那位中年男子也软化了，拿出瓶子在装青草茶。

陈明顺师姐说："您还是先用杯子喝一口吧！我们的杯子都经过高温消毒的，请放心。这个瓶子，我来给您装茶好吗？"

她将茶装好送给这位中年男子的时候，他说："你们这家医院真好，医师护士对病人都是轻声细语的，让人感觉很安心。"

怎么样才能做到谦逊？

就像陈师姐那样！小到最高的门槛、最小的心隙，她都能走进去。

证严法师教导我们："修行最主要的目标即无我。若能缩小自己、放大心胸、包容一切、尊重别人，别人也一定会尊重你、接受你的。"

怎么样才能缩小自己呢?

证严法师说:“唯有尊重自己的人,才能勇于缩小自己。”她还说:“缩小自己,要能缩到对方的眼睛、耳朵中,既不伤他,还能嵌在对方的心头。”

谦虚,是人类最宝贵、最难得的品质。

中国的六经之首《易经》的六十四卦中,唯有一卦的卦辞全是好的,那就是“谦卦”。

谦卦的卦辞说:“谦亨,君子有终。”

只有谦虚,才是亨通的,才能善始善终。

为什么会是这样呢?《序卦传》里说:“有大者,不可以盈,故受之以谦。”也就是说,有伟大成就的人,不可以自满,必须谦虚。

一个人如果谦逊,就会通行无阻。因为天的法则,是满盈亏损、谦虚增益。比如月亮,满了就亏了;不满就会慢慢盈满。地的法则,是改变满盈、增益谦卑。比如山与河流,山高就会慢慢被风雨减损;河流低洼,就会慢慢被泥沙抬高。鬼神的法则,是加害满盈,降福谦卑。比如你趾高气扬嘛,走路绊一脚,跌死你!人的法则,是厌恶满盈,喜好谦虚。比如你说你有成绩,别人就认为你不怎么样;如果你有了很大的成绩而你不说,别人肯定帮你说。谦虚好比一个空茶壶,能装上别人的东西,所以别人喜欢你。骄傲好比一个装满水的茶壶,即使上好的龙井茶你也没有办法再装,有什么用呢?

所以古人说："器满则盈，人满则丧。"

我们应当如竹子，内空但要有节。又谦虚又有气节，这就是人上人了。

中国的儒家，是相当推崇谦卦的。孔子对谦卦的阐述，格调特别高。

还有老子的道德，墨家的兼爱，都秉承了谦虚的精神。

谦虚，其实就是一种自爱的表现。

因为把自己放小，才能走进任何地方，做任何有益的事情，这都是最大的自爱。放低自己，谦让人家，就是谦虚。

爱人与自爱互为通用。

证严法师说："人人要自爱，才能普爱天下的人。"

安逸与迷失

证严法师说："长久以来，一般人容易在安逸的生活中迷失自己。"

安逸与迷失，没有必然的联系。但安逸，容易使人迷失，这似乎是不用争论的议题。

笼子里的鸟，养久了，虽然会学说几句人话，但再也回不到青翠欲滴的大自然中去了，因为它再也飞不高、飞不远了。

人啊，一旦安逸就会得意。

而得意，往往就会迷失。

躺在床上抽烟，结果把房子烧了；碰上喜事乱蹦乱跳，结果撞上了电线杆撞得头破血流。这些都是最好的例证。

马跑得最得意的时候，往往就是打失前蹄的时候。

人都不是在最崎岖难行的道路上摔跤的，而往往是走过了坎坷之后才滑倒的。

有资料统计，运动员在自我感觉最好的时候，也就是最得意的时候，都不会出好成绩。出好成绩的时候，一般不是在最佳的状态，而是在平静清醒的状态之下。

写作也是一样。写得顺手的时候，往往写出来的东西就是糟粕；而写得精彩的地方，都是在顺与不顺之间经过琢磨写出来的。

所以，人千万不要太顺与太得意。太顺与太得意，都是安逸的基础。

而安逸，往往会迷失自己。

证严法师在二零零三年六月一日的开示中说到，关于人类的“警惕教育”问题。

她说，这波 SARS，虽然造成社会上的惶恐不安，却也提高了人人的觉性。因为这波疫情，让大家提高了危机意识，但愿大家能从中懂得居安思危。

这就是我们往常说的“吃一堑，长一智”。如果吃了一堑，还不能长一智，那我们就太愚钝了。

证严法师告诉我们，当疫情受到控制之后，应该把它当做一次受教育的机会，保持两种心态：第一，庆幸自己逃过这一劫，并得到这么多人的关心。同时，要检讨过去的生活方式，知来鉴往。第二，要有感恩的心。感恩站在第一线的医护人员救死扶伤，更感恩整个社会的合心合力、互爱互助，才让大家度过了这一波的疫情。

一句话，虽然这波疫情过去，但我们不能安逸。

心要反省，身要检点。

古人就说过，士大夫若以一官之廪禄计，则不知其为素食。请以驱役之卒，奉承之吏，供帐之处，详陈悉算，则凛然如履冰，岌然如临渊，有愧于方寸者多矣。

证严法师说，在慈济网上看到，已有近两万人回应斋戒。她很高兴。

以两万人来计算，如果每人每天少吃几两鸡肉，那么一年就可以减少屠杀八十多万只鸡。这是多么可观的数字！如果再加上其他的肉类也少吃，那少杀的猪、鸭、鹅就更多了。

佛教提倡“护生”与尊重生命。所有生命都害怕死亡，这是众生的本能，所以，我们应该护生，尊重生命。这也是斋戒的意义。

如果我们人类不是那么的贪图安逸与享受，少吃或不吃肯德基、炸子鸡、油焖鸡等花样众多的肉食谱，也不至于今天在全世界包围流行着禽流感。

人啊，不是别的什么异类来搞死自己，而是自己搞死自己。

证严法师在另外一个场合还说过，仁是爱的意思，而爱就是护生，付出爱心保护生灵。

护生，有些人弄不明白，以为刻意求仁，让别人说自己有慈悲仁念，就是真正的护生。

非也！

证严法师说：“佛陀教我们护生，并不是无谓的放生。放生是‘见之而不忍杀之’，所以‘放其一条生路’。能同情贫苦的众生，付出爱心帮助他们，同时启发、弘扬人性良善的一面，这样才是正确的护生与放生。”

她说了一个故事。说有一位弟子的先生往生了，家庭很清苦。上人告诉她，一切仪式从简，不必铺张浪费，只需要虔诚念佛以慰亡灵。丧事节俭，佛也念了，但后来弟子不知听了谁的主意，花了一万元钱买鸟和鱼放生，以此来超度亡灵。

证严法师说：“这些钱对于她的家计和孩子的学费应该帮助很大，可是她却将这笔钱购买鱼鸟放生，这种做法真是是非颠倒啊！”

这也是迷失的一种。

为了亡灵的安逸而迷失！

放生，应该放生自己，放生别人，同时也放生异类生命。

无钱却去买鱼鸟放生，等于间接地鼓励别人进行大规模的“捕捉”，等于帮助残害那些动物。

还有，安逸如果是人生的终极目标，那安逸就可以害人。

有些人达不到这个目标，就误认为活着没有多大的意思，不如一死了之。于是，就有了自杀和跳楼以及其他一些寻短见的愚蠢举动。

证严法师鼓励青年人力行“清贫”，要远离“贪”字的陷阱。

她认为这是年轻人面临的一个严肃课题。

证严法师说："有的人以为花钱，吃好用好，尽量享受，就是爱自己。其实刚好相反，这样的人生是不爱惜自己的人生。"

生活糜烂，不只伤害到自己，也伤害到家庭和社会。吃喝嫖赌，样样伤身、伤财。既伤了自己的元气，也会伤及家庭与朋友的元气。

证严法师说，有一位青年，每星期只花台币二百五十元，就能吃得饱、穿得暖、住得好，还能专心读书，这就是因为知道如何节约自己。

生活本来就要简单，本来就要约束自己，本来就要清淡，这才是有价值的良好的人生观。

古人早有教诲："外事无大小，中欲无浅深，有断则生，无断则死，大丈夫以断为先。"

证严法师则说，现在的青年人要战胜物欲并不简单。现代社会的陷阱很多，这些陷阱都在一个"贪"字。人要时时同自己的心灵作战，时时和"贪物欲"以及各种"欲念"拉扯，并要战胜它们，的确需要毅力。

断了各种多余的欲念，那是人的生路，也是人逐渐高尚的途径。

安逸，会使人糊涂，会使人滋生侥幸心理，会使人得过且过。

而糊涂、侥幸心理以及得过且过，都会置人于死地，使人抱憾终身。

千里之堤，溃于蚁穴！

不怕一万，就怕万一。

人啊，不可以安逸！

舍弃与人生

现代社会的物质与文明，给了人类许多的舒适，但也带来了越来越多的弊端。

在远古的洪荒时代，人们期待着千里眼，顺风耳。现在，已经梦想成真，视听发展到了一个全新的阶段。电视机里几十个甚至上百个频道，想看什么就看什么。不用思考，不用费神，更不用去悟，人家笑，你就笑，人家哭泣，你就流泪。现代文明，不是在培养人的聪明，更多的可能是在培养人的懒惰与痴傻。

痴，与笨不一样。笨是不会，痴是太会。痴，是有要说的话，但全都说不到点上。

证严法师曾经说到当代青年中存在的一种现象，青年人都明理不明事。说道理，他可以跟你说三天三夜，但一做起事来理就不存在了。

这就是当代文明给人们带来的弊病。

所以，在人生当中，我们要舍弃容易，舍弃方便，舍弃唾手而得。

在众多的舍弃中，我们首先要舍弃贪图享受。

佛经里有一个故事——

说从前大月支国有个风俗习惯，用酥油煎麦子喂猪。

国王的马驹对母马说“我们为国王卖力气，不管路程远近，都一定得赶去。可是，我们吃的是什么呀？吃的是草，喝的是雨水。”

母马回答马驹说：“孩子，你们千万不要有这样的想法。你们是羡慕那些吃酥油煎麦子的猪吗？过不了多久，你们就会知道是怎么回事了。”

没过多久，新年到了，家家都把猪捆起来，丢进热水锅里，猪大声叫唤。这时，母马对马驹们说：“你们还想吃酥油煎麦子吗？要想知道是怎么回事，可以去看一看。”

马驹们知道了是怎么回事，才明白以前的想法错了，庆幸自己没有和猪一样。从此，马驹们安心吃草，即使遇见了麦子，也自觉让开不吃。

这真是应了古人说的那句话，天上没有无缘无故掉下来的馅饼。

其次，我们还要舍弃贪图高官厚禄。

司马迁的《史记》里有一则关于庄子的记载：

楚威王听说庄子很有才干，便派了两位使者，带着贵重的礼物，聘请他做楚国的宰相。庄子哂笑着对楚国使者说："千两黄金的确是很重的聘礼，宰相也确实是尊贵的职位。可是你们没有看见过祭祀天地时供神用的肥牛吗？养了好几年，养肥之后宰了，给它披上文彩的锦绣，抬到大庙里去，在这时候，即使它想做一头孤单的小猪仔，办得到吗？你们赶快走开，不要玷污了我！我宁愿在泥巴里游戏，也不愿做官，而且终身不做官，只图过逍遥自在的生活。"

庄子的经历，说明他早早就明了了一个道理，世界上没有免费的午餐。

贪图安逸也好，贪图虚荣也罢，应该说是都贪上了一条"不归路"。

证严法师说："人都求'有'，什么叫'有'呢？有就是烦恼。"

证严法师还说："同样是过一辈子，欲望大的人得花很大的力气，才能满足需求；而欲望淡泊的人，少欲少烦恼，能安稳终此一生。"

追求"有"的人，一般都雄心勃勃，少有"惭愧"之心。

证严法师说："人世间的业力，其实都由不得自己，自己能掌握的就是现在。既然知道这个道理，就要赶紧忏悔过去，生起惭愧之心，并心生恐惧，才能厌离。"

证严法师还说："我们讲经说法，为的就是让大家知道，有了烦恼，就会时时犯错、犯罪。所以，法用歌曲的方法来唱，当一个人的内心充满烦恼时，听到悠扬的歌声后，无论是歌曲或曲调，若能真正渗透心地，即能转化烦恼。”

转化烦恼，舍弃烦恼，其实就是舍弃“有”。因为“有”才衍生“烦恼”。

有，是好。

但太有了，那就不好了。

证严法师曾说过一个大老板的故事：

有位企业家，他卖了一块市价为一二亿元的土地。交易后，心中非常不安，一再叮咛对方：“买卖土地的事，千万不要让别人知道。”

买主不明白，说：“卖土地是正当的事，这些钱也是你应该得的，你为什么这样害怕？”

卖主说：“我害怕别人知道我有钱而对我不利。”

证严法师在剖析这个事例时说，最初，这个人以极低的价钱购进这块土地，随后逐渐飙升，等到升至高价时，他又紧急将土地抛出获利。可见他在整个过程中，已经饱受地价起落的烦恼。等到土地高价卖出获利后，他又害怕别人知道而遭绑票或对他不利。这就是“由爱财利而生忧，由忧而生恐怖，由恐怖而害命”。

虽然有了一笔大钱，但由此吃不香，睡不着，你要这笔钱做什么？

证严法师说："如此人生，累积这么多钱财，不过是为了一息尚存时的欲望，却不知道这口气能够维持多久，什么时候会断绝。而许多人就是为了气而爱、而欲、而忧、而惧，这就是不能体会无常的真理，因而如此忧惧不安。"

佛教里面说："万般带不走，唯有业随身。"

我们犯得着为了眼下的"有"，而不惜披星戴月，积累成病，甚至尔虞我诈，反目相向，兵戎相见吗？

所以，有了，我们就应该布施，修净业。

证严法师在二零零三年六月二日的开示中，极为欣慰地说到慈济人的五万吨大米即将启运印尼救济难民之事。

她先夸奖了一位印尼的企业家，这位企业家是被誉为"没有问题师兄"的郭居士。也就是说，这位郭居士性情豪爽，慈悲心怀，有难必帮，有什么事情找到他，他都会说："没有问题。"

他是那种真正视钱财如粪土，视仁义值千金的人。

他们组织了一个印尼华侨企业家代表团向慈济人表达感恩之意。证严法师要求他们在整个雅加达水灾的救援工作中"五管齐下"——抽水、清理、消毒、义诊、建屋。他们都说没有问题。

他们身为大老板、企业家，也加入慈济人的行列，亲自做扫地、铺连锁砖等义工工作。

五万吨大米堆在一个地方，就像一座小山，人要爬上去才能把一包包的大米分发开来。

五万吨大米，不是一个小数目。五万吨大米，一共是多少粒啊！

每一粒都是慈济人的捐赠，都映照着慈济人慈善的心。

证严法师说，她深深体会到“一粒米中藏日月，半升锅里煮山河”的道理。

一粒米，对于正在忍受饥饿的人来说，比半壁江山还重要。

生命诚可贵，米粮价更高，贵贱虽有别，后者不可抛。

救人于危难，是一种风骨，是一腔慈悲。

舍弃贪欲，才能宁静；

舍弃多余，才能心安；

舍弃庸俗，才能高尚。

关于米的故事，佛经里还有一个。

从前，中天竺有一位巧匠，善于用象牙雕刻。他把象牙雕刻成米粒，带着这样的米粒，充作路上的粮食，到波斯国去打工。

到了波斯国，他暂住在一户人家里。这家的主人也是一位巧匠，主人不在家，家里只有他的妻子。这位巧匠对主人的妻子说：“我这一斗白粳米，请你替我做成饭。”

主人妻子回答说：“你把米放在这里，先去做工吧！”

那人把米留下，就出去了。

于是，主人的妻子便为客人煮饭。柴烧尽了，可是米还是煮不熟。这时，丈夫回家了，问妻子道："贤妻呀，你今天煮的是什么?"

妻子告诉丈夫在煮饭，但老煮不熟。丈夫一看米，知道是象牙做的。他也不说实话，只是说："这水里有灰，所以米煮不熟。你用干净的甜水来煮，米就会熟的。"

一会儿，留米的人回来了。主人的妻子对他说："你得去打些干净的甜水来。"

那人便拿上瓦瓶去打水。那家的主人预先在地上画了一个水池，还在池里画了一只死狗，死狗形状肿胀，已经腐烂了。那打水的人到了池边，看见死狗，就一只手捂着鼻子，一只手把瓦瓶放到水池里打水。他眼睛注意着死狗，瓦瓶碰到地上便打碎了。

这位巧匠看见瓶碎了，才明白过来，很有些不好意思。

这就是"佛说大鱼事经"里的故事。机关算尽，不过就是为了白蹭一顿，占点小便宜。但便宜占不着，反而惹了一身不自在和尴尬。

在人的一生当中，善于舍弃恐怕比善于得到更为重要。

证严法师说："凡夫追求财物，圣人追求真理。"

世间无常，人生何必锱铢必较？其实，心安即是福。

四年陪伴为一头

人生到底为哪样？

这真是个一生都在解答的问题。

晨钟暮鼓，佛号声声。

大家都在说，人生苦海，天堂乃在往生之后。

那驻世时呢？怎么才能平安渡苦海、欢喜渡苦海？高高兴兴往天堂去？

这可是困扰芸芸众生的难题。

证严法师这样说："人生这条路不易走，生老病死无不是苦。单说'生'的路上，一不小心方向有所偏差，身心不能安住，心就会苦难偏多。或是身体因一些不调和而生病，更是苦不堪言！"

这条路不好走，但既然你已经走了，又该怎么走？

证严法师在二零零三年六月十二日的开示中，说到"生命无常，慧命永恒"时举了一个例子，令人感动。这也许是一个大彻大悟的例子。

有位青年人叫阿昌，十多岁就加入了帮派，曾因杀人未遂坐牢。在服刑期间，慈济到监狱做辅导，在互动中他结识了慈济人。这真是不幸之中的万幸！由此开始，他的生活展现曙光，知道人生的正确方向在哪。他因认识罪行，积极改造，后来顺利地出狱了。但人生无常，他出狱后不久感到身体不适去就医，发现自己患了口腔癌。之后数度进出医院，后来走进心莲病房。他的人生道路十分坎坷，但在即将抵达终点时，他完全改变了，在医院里当起志工，为病患送水送饭、整理房间，被病友们亲切地称为“阿昌班长”。

有位老阿公，同样是口腔癌，嘴里已经有异味喷出。他照样背他去洗澡，帮他换衣服。每天还看着老阿公入睡，之后他才去休息。

别的病人问他，你同样是病人，身体也不适，你怎么能做得到呢？

他说，因为医院里有位徐莉萍医师从不放弃他，而且所有的护理同仁都不嫌弃他口腔病变后的异味，都亲近他，为他治疗、换药，并轻声细语地鼓励他。他也要向护理师一样，用爱心付出，力所能及地为大家做点事情。

他的生命一天比一天少，病情也一天比一天严重。其他器官开始溃烂，但他表示要捐赠自己的眼角膜，并将身体捐作病理解剖用。

证严法师说：“尽管之前他迷失了自己的人生方向，但这四年多来他也走得非常辛苦，不过他能及时省悟，把握人生，确实是位勇士。”

还有一位慈济委员，她也在人生的道路上坎坷行走过。

证严法师用一种深情的口吻，回顾了这位慈济委员的一生。

这位委员叫秀珠，年仅四十多岁就往生了。可是一直到临终时，她给人的印象都是微笑着的，直到最后，她也是潇洒说生死。她生前就训练孩子要勇敢面对死亡，经常带着孩子们去为往生者助念。每次助念之后，有机会她就会对孩子说：“若有一天妈妈往生，那时候你们不能哭，也要帮妈妈助念，还会有很多师姑、师伯来陪伴你们。”

她教儿女煮饭、料理自己的生活起居，孩子们一个个都能独立生活。

她的孩子，在念中学和小学的时候，就都参加慈济活动，都是小志工了。她虽然患癌症往生了，但她做到了薪火传承，她的精神不灭。

证严法师说：“人生在世，无论是这个身躯或是外在的世间和社会，总是无常居多，所以我们要把握时间，努力精进，在无常的人生中争取永恒的慧命。”

要得到永恒慧命的人，一定是无私奉献的人。

马来西亚的居銮县有一位阿嬷病重送医院时，她虽然有二子一女，但她在家属栏内填写的却是“慈济功德会”。

她的大儿子弃养母亲，女儿则行动不便，二儿子因吸毒入狱，出狱后精神异常。阿嬷临终时，念念不忘的就是这个二儿子，希望得到慈济人的继续关怀，以后能让他过上正常人的生活。

母亲往生后，二儿子并不接受慈济人的关怀。又一年过去了，慈济人的真诚感动了他，他才愿意剪掉六年未整理过的头发与指甲。为了剪那六年长的头发，慈济人换了好几把剪刀。当梳理干净之后，他突然间大声说："哇！我的头怎么突然这样轻松呀！"从这一刻起，他的精神逐渐恢复了正常。就为这一句话，为这一颗头上的乱发，慈济人做了四年的关怀啊！

马来西亚为什么又有慈济人呢？

这起源于一颗种子。有一位制衣商在马来西亚经营成衣事业，经营有方，收入稳定。有一次，他认识了慈济人，通过深入了解，他认为这是功德无量的事。于是，夫妻两人便在马六甲他办工厂的地方弘扬起这种慈济精神。

从一九九三年一月成立联络处开始，到二零零三年，马来西亚的慈济业已走过十年。他们的救助事业，也日益壮大发展起来。

这才有了上面所说的"家属是慈济功德会"，才有"四年为一头"的家居关怀佳话。

证严法师说："无论是马来西亚还是全球的慈济人，'甘愿做，欢喜受'，就是'大慈无悔、大悲无怨、大喜无忧、大舍无求’四无量心的表现。”

人生到底为了哪样，这个问题可能会有多个答案，或者没有答案。

可是证严法师是这样说的：“人身难得，佛法难闻，生命有限，慧命无穷。看透自己的生命，就会及时把握生命的功能。所有的学业、事业与道德，都要靠时间来积累。以这种观念来决定目标，就会紧紧抓住时间，就舍不得浪费时间顾念己身。今日的慈济，是用生命毅力步步忠实地走出来的。”

证严法师还说：“人，总是有许多理由叫苦，有钱也苦、没钱也苦，闲也苦、忙也苦，世间有哪个人不叫苦呢？说苦的人是因为他不堪忍啊！愈是不堪忍受的人，愈是痛苦。”

人生机会与稍纵即逝

人生的机会，有如天边的彩虹，瞬间就消失了。

有的机会，可以说就好像天上的闪电，一闪就过。

无论哪一种机会，你若想把握住，就都要用心，还要有本事。

如果是不好的机会，也就是我们常说的倒霉事，那可能就像天上落下来的滂沱大雨，或者是连续梅雨的烂天气，你不要想着躲过去，因为这一定要你来承受的。

要不，就像乡下小路上的牛粪，一不小心就被沾上了。

坏的霉头，你不要也不成。

好的机会，总是稍纵即逝。

机会，其实就是你与世界、与人的因缘关系。

证严法师说："因缘稍纵即逝，何况人生无常，应当及时把握因缘，多为自己储存道粮。"

从因缘方面说，机遇很少，而且稍纵即逝。一不留意，它就溜走了。

从人生方面说，无常多于正常，抓住机会的时间有多少，谁也说不清。

如此说来，人能拥有什么都宝贵。因缘宝贵，人生宝贵，但都少得可怜。

你想积蓄许多道德、许多道义，但你有多少因缘，有多少时间？你说不准。

怎么办？

唯有“把握当前”。

佛陀说：“生命在呼吸间。”

证严法师说：“人无法管住自己的生命，更无法挡住死期，让自己永驻人间。既然生命去来这么无常，我们更应该好好地爱惜它、利用它、充实它，让这无常而又宝贵的生命，散发出真善美的光辉，映照出生命真正的价值。”

既然生命无常，生命短暂，我们就要抓住当前。可是，要抓住当前的什么呢？

行善要及时。

证严法师说：“行善要及时，功德要持续。如烧开的水一般，未烧开之前千万不要熄火，否则重来就太费事了。”

人生的好坏与否，并不在于生命的长短。有些人在世很短暂，但他光芒无比；有些人在世上赖了很长，但乏善可陈。

证严法师在二零零三年六月二十三日的开示中说到慈迎，在走完一生后，还把身体捐赠出来给医学大用。人生，病痛是最苦的，要找出病源才能对症下药。慈迎经历了痛苦，她就不想让后来的人再痛苦了，所以，她捐赠出了自己的遗体，生命在最后还发挥了良能，圆满了慧命。

这个及时，及时到了最后一刻。

慈迎若不及时，她以后也不可能再及时了！

在泰国，有一群慈济人，他们的及时，对于一个濒临绝望的老太婆来说，真是一场及时雨。这种及时，真正抓住了当下。

泰国曼谷市郊有位妇女，四年前从屋顶跌落而瘫痪，从此卧床不起。而且，祸不单行，八个月前先生往生了。孤独的她住在道路边的一个棚子里，没水没电，需要水时，只能央求路人从一、二百米远的污水沟中提一桶水，赖以为生。

曼谷灯红酒绿，通宵轻歌曼舞啊！可惜了这位女人孤苦伶仃，蜗居路旁。好在慈济人发现了她，帮助了她。慈济人为她整理家居，为她济助米粮。她用慈济人送来的白米，还有慈济人送来的矿泉水做稀饭，那米汤清得能照出人的影子。她很感动，对慈济人说：“从来没有人像你们一样对我这么好！”

慈济人还给她盖房子。原先雇主愿意拨一块地给她盖房子，但她没有钱，是慈济人给她圆了房子的梦。

要用毅力安排人生。

证严法师说："用智慧探讨人生的真义，用毅力安排人生的时间。"

人生的真义是什么？没有智慧是弄不明白的。

有青年问证严法师："人生的路是选择平淡的好，还是冒险激越的好？"

证严法师说："宁取平淡。冒险是逼不得已的作为，并非存心为冒险而冒险。生命不过是广大宇宙终极微末的一个点而已。相对来看，什么才算真正的伟大高超呢？怎样才算激越呢？不如平淡些，脚步踏实地做人做事。"

这里有两个例子。你说哪个是平淡做人，哪个是踏实做事？

有一位年轻的太太找到黄明月师姐说："师姐，拜托你好吗？本来我想把这个拿给苏医师，但他要我来找你们。"

这位年轻的太太拿来的是一包钱。上面写着："亲爱的苏医师，这些钱是我的保险费，我看到有些病人交不起医药费，那种痛苦我曾经历过，所以想用刚领到的保险费去帮助这些人。"

她本身是一位肺癌病人。她自己化疗就要开始了，说起自己曾经又生病又没有钱的无助时，她流下了眼泪。她告诉黄明月师姐，某间病房的病人经济有困难，希望能帮助到他。

师姐问她："你为什么不直接帮助对方呢？"

她说："我不知道直接拿去给他，会不会伤到他的心，会不会被拒绝？如果没帮上忙，又伤到他的自尊，那就不好了。”

这才是真心的帮助。帮助而不想让人的自尊受到伤害，不想让受帮助的人知道是自己帮助了他。

黄师姐说：“我们要透过社工去了解，如果他不愿意接受，这些钱是否可以放在慈贫基金里？因为我们一直在帮助那些贫困的人。”

这位年轻的太太说：“好，这只是一点小小的心意。”

黄明月师姐说起这件事的时候，她说那天天气很冷，但心里却是温暖的。

另一个例子是一位孩子关心自己妈妈的事情。

一天晚上，一位青年来到志工室，要找某位当志工的妈妈。这位青年下班后感觉天气冷了，就过来关心当志工的妈妈。当时，志工正在上课，管理的人就让他们母子通电话。儿子说：“妈，天气冷了，要不要我马上回家拿衣服？不要感冒了哦!”

这是一个很平常也很平淡的例子。但人世间还有什么比这更棒的呢？

人生无常。各种各样的灾难，都可能不请自来。这就需要我们付出毅力。

还是黄明月师姐，她说了一个“勇于承担，才会自在”的故事。有一位三十多岁的青年人脊椎长了骨刺，必须开刀，但他怕痛，就这样拖着。病使他产生了多疑、害怕的毛病。这位三十来岁的青年人，年纪不大，但已经是六个孩子的父亲了。

他说他拜过许多神明，神明说，不用开刀，只吃药就可以。

别人问他：那你吃了神明的药没有？

他说：吃了，但没好，医生说要开刀。我看过许多家医院都是这样说的。

别人说：那你还犹豫什么？

他回答人家：我害怕啊！

后来，病房里的人纷纷用自己的经历说服他，他才做了手术。但之前平白地拖了很久。

证严法师在评点这件事的时候，就说："人生之路确实难走，最难的部分在于心，因为心灵的惧怕最令人痛苦。看看这位病人，到头来还是得开刀，当初为什么不勇敢一点呢？"

有些人在有机会的时候，不懂得抓紧，到头来竹篮打水一场空。

陈莺莺师姐就说过一个"年轻不会想，老来两头空"的故事。

一位五十多岁的男士，风度翩翩，过去在一个广播电台承包时段广告，推销药品和食品，赚了许多钱。这钱来得容易去得快，他便经常花钱买乐，一二百万一个月就花掉，但下一个月一二百万就又到手了。他有三个孩子，但对他们关心甚少，亲情淡薄。他倒是培养了几个小歌星，有一个女歌星经他培养出名了，他还买了房子给她，一起过了二十年。

等到他的孩子长大了，他老婆见他还是不像老公的样子，有和没有一样，便和他离了婚，还他自由。

这时，父亲生病，他要照顾。他还比较孝顺，想把父母接到乡下住，但房子没有一所好的。当初有钱时忘了建房子。

一起过了二十年的女歌星，说嫁人就嫁人了，一声招呼都没打。他想赶回去挽救败局，人家请了警卫把他挡在门外。

这位男士给别人倾吐心中的苦水，人家就告诉他：你这段人生，可以用一位病人说过的话来形容——好是好，不时在烦恼；棒是棒，老天爷在做对头；巧是巧，什么都未晓。

他此时也多少明白过来了，对人家说：你说得真对，正好刺中我的心。

证严法师说：“五欲如箭，要拔除五欲，才能安稳。”

机会对于贪婪和无德的人，无疑是谋财害命的圈套。

人生要圆满。

有青年问：“什么是圆满的人生?”

因为圆满是一种境界，是一种美丽。

青年人总是不愿意放过这样的好机会。

证严法师就对青年人说：“圆满就是对上有礼，对下有爱。对人如果无怨无恨，想别人对我们一定也会心生敬爱，能够人我互相敬爱，这就是圆满的人生。”

对上是一种机会。敬老得福，这是不是机会？老人在你的面前，长辈在你的面前，这也就是福已经来到你的面前了，就看你怎么抓住这一机会而已。

对下也是一种机会。爱幼得敬。如果你举手投足都是对下面的爱意，都是帮扶，那就是德。德、福与尊敬，是在同一间屋子里居住的，既然都得到了德，那么离福与尊敬还会远吗？

知与不知

人生，就是一个知与不知的过程。

学而时习之，不亦说乎？这是孔子的观点。

不懂得的事情，经过学习便会懂得；懂得了以后时常加以实践，丰富原来学习的知识，这是一件令人高兴的事。

知之为知之，不知为不知。这也是孔子的观点。

知道就是知道，不知道就是不知道。这里的“知道”，就是“懂得”的意思。知识，或者说科学，来不得半点虚假。

为人处世也一样，知道就是知道，不知道就是不知道。做人不能吞吞吐吐，不明不白。

温故知新，这也还是孔子的观点。

《论语·为政》中说：“温故而知新，可以为师矣。”

温习旧的知识，得到新的理解和体会，也指回忆过去，便能更好地认识现在。

当代社会，日新月异，过去的知识也许是今天的谬误，不温故，不但没有旧知，而且可能会不知新了。

与时俱进，是知识之树、生命之树长青不衰的秘诀。

知，就是壶里有水。不知就是壶里没水。

有了，并不等于万事大吉；没有，也不等于糟糕透顶。

壶里有了水，就看你怎么斟出来。有生活经验的人，都懂得福建人的功夫茶，那斟功，让你啧嘴称道。高低匀称，适可而止，恰到好处。四川人的铜壶茶，长嘴远斟，像瀑布从天而降，不多不少在人不可思议间便斟到茶杯里。那技艺真可谓惊人！

如果壶里有水，老斟不出来，碰上脾气不好的人，可能就将茶壶扔到地上去了。有茶的壶变成了碎片，而没有茶的壶可能安然无恙。

世间的事情，也是无常的多啊！

证严法师说："人都有求知欲，希望能博闻，让知识和眼界都很开阔。但事实上，能真正透彻了解天下万物的人又有多少呢？"

所以，我们要谦虚。

证严法师说了一个故事——

从前，有一个知识渊博的人叫王倪。有一天，朋友问他："你可知万物的道理，它们共同的标准是什么？"

王倪说："我怎么会知道！"

朋友又问："什么是你不清楚的事物呢？"

王倪同样说："我怎么会知道！"

朋友再问他："如此，天下的知识，并没有一个共同的标准了?”

王倪还是回答:“我怎么会知道!”

这位朋友感到很失望。因为大家都认为王倪很有才学,没想到竟一问三不知。

王倪看到朋友很失望,就说:“你不必失望。我如果告诉你‘我知道’,‘可知’其实就是真的知道吗?如果我告诉你‘我不知道’,你就能确定我真的不知道吗?世间的事情,往往没有共同的标准。譬如人若是长期睡在潮湿的地方,就会得关节炎。但是,泥鳅住在泥沼里,就很逍遥自在。”

王倪还说:“人喜欢吃肉,鹿喜欢吃草,蜈蚣喜欢咬蛇,乌鸦喜欢吃老鼠……各种动物都没有一致的兴致与爱好,天下万物怎么能有共同的道理呢?我又怎么能断言什么是对的呢?”

知与不知,都是相对的。你说你知,可能你说的时候就是不知了;你说你不知,说的时候你可能是知的。

正如鲁迅先生说的:“当我沉默着的时候,我觉得充实;我将开口,同时感到空虚。”

对我们这个世界,你说你知,还是不知呢?

中国有句古话:“处处皆学问。”

又说:“知不足者好学,耻下问者自满,一为君子,一为小人,自取如何耳。”

证严法师说,平等尊重,用心体悟,都是获得知识的重要途径。

她说了一个“勿轻他人”的故事。

深山里有一个道场。道场内有一名弟子，他想到外面参访，便向师傅告假。师傅问他：“我们的道场四周环山，你要往哪里去?”弟子一时答不上来。师傅说：“你回去想想，等到能够回答这个问题的时候，再出门吧!”

这位弟子很努力，天天想，但始终没有想出办法来，心中不禁生起烦恼，但又不敢擅自离开道场。

百无聊赖，弟子逛到菜园去。种菜的圆头僧见他一副心事重重的样子，便问他：“看你这样子，为什么不高兴呢?”

弟子说：“我想到外边参访，去向师傅请假。师傅问我‘四周是山，你怎么走出去呀’？我答不上来，师傅要我想好了再出去，可我老想不出办法。”

圆头僧说：“这并不难啊!”

弟子听了就很高兴，说：“你能教我如何回答师傅的问题吗?”

圆头僧笑了，说：“竹密不妨流水过，山高岂碍白云飞。”

这位弟子听了，若有所悟，击掌说：“有道理!”弟子高兴地跑到师傅面前，如是一般地回答了师傅。

师傅说：“这个答案不是你想出来的吧！是谁教你的?”

弟子不敢隐瞒，如实禀报：“是种菜的圆头僧教我的。”

当晚，师傅把所有的弟子召集到大殿，然后升座向大家宣讲：“种菜的圆头僧虽然每天忙于种菜、耕种田地，但他用心体会大自然的变化，并且能从亲手开垦、种竹的过程中，体悟到真理。这说明一个什么样的道理呢？那就是只要用心，便处处皆道场。"

佛教里的处处皆道场，在我们的日常生活当中，也就是处处皆学问了。

在学习《易经》中，也有一个故事。

古时候，有两位易经的预测大师，他们是父子俩。

有一天傍晚，北风刮得紧，有人敲门。父亲对儿子说，我们先占一个卦，然后开门，断一下敲门的人前来是为何事。

父子俩根据敲门的时间起了一个卦，上巽下金。

儿子说："来人是来咱家借锄头的。"

父亲说："根据卦象，上边是木，下面是金，你断为借锄头的，也有道理。但我认为来人是借斧头的。为什么借斧头呢？因为现在正冷，要劈柴生火。"

门开了，来人果然说："你家的斧头呢？借咱家用一下。天太冷了。"

这就是"知"与"不知"。

证严法师说："人若不用心，如何学有所成？在生活中若能用心学习，工作就能进行得顺畅、简单和利索；如果欠缺用心，即便用尽力气，也只能徒增疲劳，得不到好效果。"

证严法师还给我们举了一个例子。

国王的后花园死了一头鹿，国王把死鹿赠送给料理后花园的佣人。佣人很高兴，因为鹿皮可以缝皮衣，鹿肉又可以美餐一顿。但刀钝鹿皮韧，磨刀石在楼上，死鹿在后花园，害得佣人楼上楼下来回跑。别人看见了觉得奇怪，问他："你老跑什么呀？上气不接下气。"佣人说："刀用几下就钝，就得往楼上跑，要磨刀啊！"

人家说："你可以把磨刀石从楼上拿到死鹿的旁边，割几下就磨一磨，这多方便啊！"

证严法师告诫我们："在有限的生命中，若想达成诸多理想，做成无数的工作，'用心'的确非常重要。"

知与不知——

首先，我们应该知道怎么去"知"。

然后，我们应该知道怎么去表述我们的"知"。

我们应该怎么样去知？

证严法师说："凡夫追求财物，圣人追求真理。"

我们应该怎么样去表述我们的知？

证严法师说："一言为重，千言无用。言重则信重，信重则有大用。"

后　记

终于把这本书稿写完了！如释重负，我长长地舒了一口气。

感谢上人，感谢慈济人，让我接触了上人，接触了慈济，了解了我原先并不很理解的东西。一个混沌世界里的清明与爱意，一段无常人生中的牵手和搀扶。

证严法师无疑是伟大的，但我不能说她伟大，因为她谦虚。

有一位青年人对她说："您是真正的伟大呀，做了那么多的事情。"

她说："我觉得我平常得很，我不过是尽了自己的所能而已。事情是大家做的，我只不过开了一个头。"

慈济人的善业，就是自无到有的过程。他们在上人的引领下，从无到有，从小到大。无论是谁，只要了解了他们，就都会肃然起敬。

学术界有一句名言："把简单的问题说复杂，那是教授；把复杂的问题说简单，那是天才。"从这个意义上说，证严法师无疑是一位天才。她始终倡导"佛教生活化"，把佛教从威严的殿堂中请回民间来，请到人群当中，让所有的老百姓都懂得：只要你自己努力，那你就是菩萨。

"普天之下，没有我不爱的人；普天之下，没有我不信任的人；普天之下，没有我不能原谅的人。"

这是证严法师的话，这是证严法师的胸怀！

这也是慈济人的胸怀！

哪里有灾难，哪里就会有慈济人的身影；哪里有悲情，哪里就会有慈济人的关怀。饥馑、战争、天灾、疫情……无论东西南北，只要在地球上，哪里需要援助，哪里就会有慈济人先到一步的身影！

世界因慈济而温暖，人间因慈济而温馨。

非凡来自坚持。

成就来自一贯。

想当年，证严法师是一位弱女子，母女相依生活。她第一次出家，还被找了回来。可是，为了佛法，为了众生，坚强的信念使她有了第二次出家的行为。坚持和一贯，成就了证严法师，也成就了慈济。

从此，济贫教富，成了上人引领千千万万人努力的目标以及社会的辉煌！

我曾经参访过富丽堂皇的慈济大学，也看过证严法师当年住过的简陋精舍。

大与小，富与贫，厚人与克己，相互映衬。

你只会感觉到世界的渺小和心灵的伟大！

在陈列室里，我看到许多证严法师的著作，那一刹那，我仿佛看到一位伟人，她在从事着伟大而崇高的事业。

慈济大学的校长，给我们一行人介绍情况时始终站着，让我感动。

这位校长款待了我们，用一盒素食的午餐。款待不丰盛，却令人终身难忘。那是施主的饭，吃着的时候，花莲地震，摇晃着我们的饭桌。

两年后，慈济人来到我赖以栖息和生存的海滨城市，一行四人，邀我为慈济写一本书。

那感觉，如梦如幻，受宠若惊又惶惶不安。

他们为什么千里迢迢找到了我呢？我不解，可是，他们就是找到了。他们看到了我在台湾出版的两本书，他们按图索骥。

三个人分别是来自台湾、上海、广州的慈济人。为了宣传慈济人的精神，为了弘扬证严法师的大爱，他们相约而来，自费来完成这一次邀请的任务。

他们全吃素，让我为找吃饭的地方而羞赧。

他们的奉献，他们的苦行，他们的执著，都让我感动，并化为写作这本书的源泉和力量。

在写作这本书的过程中，我得到林小姐的大力帮助，她寄来许多相关书籍，并且随时沟通资讯、反馈意见，做到了及时有效的互动。

在这种互动中，我感觉到了所有的慈济人都在关注着我，都在帮助着我。

该书对于证严法师的大爱与观点，慈济人的情操与精神，以及我们每一位读者在今后人生的取向上，都做了尽情的坦白与清晰的诣示。

其实，这是一本让人修身养性的书；是一本让人“说好话、发好愿、做好事”的书；是一位挚友，一位能谈心的挚友。

书写得好不好，我不敢说。但我是用了心，尽了力的。因为我知道，能有缘与慈济人一道做一些力所能及的事情，是一种福分，是一种缘分！

阿弥陀佛！